El Padrenuestro

GILSON LUIZ MAIA

El Padrenuestro

Explicado frase por frase

SAN PABLO

© SAN PABLO 2024
Protasio Gómez, 11-15. 28027 Madrid
Tel. 917 425 113
E-mail: secretaria.edit@sanpablo.es - www.sanpablo.es
© Pia Sociedade Filhas de São Paulo – Paulinas Editora, São Paulo (Brasil), 2020

Título original: *O Pai-nosso: palavra por palavra*
Traducción: Juan Antonio Carrera Páramo, SSP

Distribución: SAN PABLO. División Comercial
Resina, 1. 28021 Madrid
Tel. 917 987 375
E-mail: ventas@sanpablo.es
ISBN: 978-84-285-7089-3
Depósito legal: M. 4.879-2024
Impreso en Artes Gráficas Gar.Vi. 28970 Humanes (Madrid)
Printed in Spain. Impreso en España

A mis padres,
que me enseñaron el Padrenuestro.

Padre nuestro, que estás en el cielo,
santificado sea tu Nombre;
venga a nosotros tu Reino;
hágase tu voluntad
en la tierra como en el cielo.
Danos hoy nuestro pan de cada día;
perdona nuestras ofensas,
como también nosotros perdonamos
a los que nos ofenden;
no nos dejes caer en la tentación,
y líbranos del mal.

Prólogo

Con alegría acepté la invitación de escribir el prólogo de este libro sobre la Oración del Señor. Una enriquecedora reflexión del padre Gilson Luiz Maia, rogacionista. En la oración del Padrenuestro, la única enseñada por el Maestro de Nazaret, según los evangelios de Mateo y de Lucas, tenemos una excelente síntesis de toda la obra redentora. En ella, históricamente, la madre Iglesia encontró el sólido fundamento de su doctrina y su misión con un acentuado desdoblamiento social.

Jesús nos presenta mucho más que una excelente manera de orar. Revela, como Señor, las verdades vitales de la fe cristiana. Dios es Padre y nos introduce en la intimidad del misterio trinitario. Para que se produzca la paternidad es indispensable la realidad existencial del Hijo. Este Padre es nuestro, por lo tanto, somos verdaderamente hermanos. Presencia amorosa que forma y educa. Aquí aparece una profunda configuración entre ser padre y tener hijos. Uno existe en relación con el otro. Al presentarse como Padre, se establece una relación absolutamente nueva. El término «nuestro» es plural, por lo que nadie queda excluido.

Al comenzar la segunda parte de la oración, «nuestro pan», se revela la regla central del servicio cristiano. Si el Padre es nuestro, por consiguiente, el pan es nuestro. Presenta una fuerte relación entre ser padre y tener pan. Enseña que orar es comprometerse con la dignidad de la vida a lo largo de la historia. Estamos llamados a compartir el pan. La realidad viva y dinámica requiere el coraje de comprometernos con la justicia social como expresión coherente entre orar y vivir. El Padre solo es nuestro en proporción exacta a la participación real. El Padrenuestro se realiza en nuestro pan.

En cuanto al servicio, este aparece en el contenido de la Oración del Señor. Jesús es el primer servidor. Su acción redentora es la liturgia trinitaria. Su servicio es una excelente oferta. Él se entrega plena y definitivamente. Así nos enseña a hacer lo mismo.

Otro punto revelado es, precisamente, la capacidad humana para realizar, en virtud del ejemplo dado por Jesús, una obra similar. La esperanza adquiere la fisonomía de la realidad histórica. Podemos concluir que las personas están llamadas a transformar la oración vocal en vida, sobre la base de la historia. Por lo tanto, participamos en la obra divina. El carácter de mero bienestar deja paso a una conciencia de responsabilidad colectiva. El pan no puede faltar, porque el Padre está dedicado a todos. Y Jesús es el modelo del servicio fraterno, el pan se convierte en un derecho divino. Por tanto, si el pan no es para todos, surge el pecado social. Mientras falte el pan, la comunidad humana estará lejos de lo que quería el Maestro cuando rezaba el Padrenuestro.

La oración del Padrenuestro es el manual necesario para una serena y sana convivencia social. Nadie puede ser excluido de la mesa fraterna. La reflexión de la oración nos educa para una vida solidaria. Sumando la oración del Padrenuestro con nuestro pan, tenemos como resultado la justicia y la paz.

La reflexión del padre Gilson, titulada *El Padrenuestro. Explicado frase por frase*, llega en un buen momento y nos ayuda a profundizar en la importancia de esta oración y sus consecuencias para la espiritualidad y misión de los seguidores de Jesús, que nos enseñó a llamar a Dios Padre: Padre nuestro.

P. Antonio Carlos Maia
Diócesis de Guaxupé (Minas Gerais, Brasil)

Introducción

Señor, enséñanos a orar...
(Lc 11,1)

Entre las cosas que recuerdo de la infancia, cada vez más lejanas, está la imagen de mis padres enseñándonos las oraciones: el Padrenuestro, el Avemaría, el Reina del cielo y el Gloria. También había una jaculatoria que rezábamos todas las noches, cuando mi madre ya estaba al lado de nuestra cama tapándonos. De hecho, nunca he dejado de rezarla. Dice así: «Niño Jesús, mi hermanito, te doy mi pequeño corazón».

Fue en el calor de una casa familiar del interior de Minas Gerais donde aprendí las oraciones más populares que reza el pueblo de Dios. Recuerdo bien la dedicación y la insistencia de mi madre en que nos aprendiésemos de memoria la única oración enseñada por Jesús a sus discípulos y a la Iglesia: el Padrenuestro. También recuerdo mi aflicción cuando, por primera vez, me pidieron que lo dijera en voz alta ante un pequeño grupo de la comunidad. Otras personas también han tartamudeado al recitarla en público. Muchos rezan el Padrenuestro con la común seguridad de los corazones fervorosos acostumbrados a los encuentros de oración, al rezo comunitario del Rosario o en otras tantas ocasiones. A veces recitamos las oraciones casi mecánicamente, por costumbre o por imposición de las circunstancias, sin profundizar en el significado ni en el alcance de cada palabra pronunciada con fe.

En estas páginas –escritas a partir de nuestra experiencia con las personas reunidas en las comunidades, pero también pensando en aquellas que están más alejadas o distantes de las celebraciones– queremos meditar cada expresión de esa oración que aprendimos de Jesús. Nuestro objetivo es ayudar a las personas a rezar el Padrenuestro con el corazón y la mente. Necesitamos vencer la tentación de orar mecánicamente, con frialdad y sin considerar las implicaciones en la vida. Más que una oración tradicional, que se adapta a cualquier ocasión, especialmente cuando queremos introducir un aire de espiritualidad y fe, el Padrenuestro es una síntesis del mensaje de Jesús, que entrega su vida a la causa del Padre.

Según Tertuliano, un antiguo escritor cristiano, el Padrenuestro resume todo el evangelio[1]. En esta oración encontramos la totalidad del evangelio de Jesús, aunque «el evangelio permanece íntegro incluso sin esta oración»[2]. Al meditar el Padrenuestro, reflexionamos sobre la persona, la vida, la vocación y la misión de Jesús. Él es el autor de esta oración que revela, breve y profundamente, su identidad de Hijo. En ella vemos una fotografía de la vida de Jesús, el modelo y el Maestro que nos regala esta oración y reconoce las necesidades de sus hermanos y hermanas. Esta es la razón por la cual el Padrenuestro es considerado la «Oración del Señor» o, según la expresión tradicional, «la oración dominical»[3]. Por tanto, más que una fórmula cansina y mecánica, «repetida insistentemente», Jesús nos enseña que la oración es ante todo un diálogo

---

[1] Las citas de los Padres de la Iglesia están tomadas de A. Hamman, *Il Padre nostro letto dai Padri della Chiesa*, Castelvecchi, Roma 2017, 8.

[2] Cf B. Maggioni, *Padre nostro*, Vita e Pensiero, Milán 2019, 26.

[3] Cf *Catecismo de la Iglesia católica*, nn. 2765-2766.

filial donde los hijos son acogidos y experimentan el gran amor de Dios, nuestro Padre.

Con Jesús –y en él– rezamos el Padrenuestro para crecer en la fe y en la confianza en Dios[4]. Con palabras sencillas, sobrias y densas de significado, repetimos el Padrenuestro, pero casi nunca nos detenemos a pensar en el significado de cada una de las expresiones de este Salmo que nos sitúa ante el Padre. Pocas veces nos preguntamos qué significa rezar el Padrenuestro y si verdaderamente consideramos al prójimo como nuestro hermano, si queremos que llegue pronto el reino de Dios, si deseamos hacer la voluntad del Señor, si realmente es cierto que nos saciamos con el pan de cada día, si estamos dispuestos a perdonar a los que nos ofenden y si luchamos con todas nuestras fuerzas contra las tentaciones y el mal. Con corazón inquieto, preguntémonos: ¿Cuál es el sentido, el alcance y las consecuencias de estas peticiones del Padrenuestro en la espiritualidad que cultivamos en nuestro camino?

---

[4] San Aníbal María Di Francia, apóstol de las vocaciones, decía que debemos rezar el Padrenuestro con mucha atención a las divinas palabras y a las peticiones, ya que esta es la oración principal enseñada por Jesús (cf A. M. DI FRANCIA, *Scritti*, vol. VI, Rogate, Roma 2010, 356).

Sabemos que hay personas que no rezan y que ni siquiera están vinculadas a una determinada religión o credo. Pero también hay un gran número de personas orando, gente que reza diariamente y pide por la salud, por el éxito de algún negocio o por la paz en su familia y en el mundo, etc. Algunas de estas oraciones pueden ser cuestionadas porque pretenden contar y explicar nuestras necesidades a Dios, cuando en realidad el Padre ya lo sabe todo y nos conoce profundamente a cada uno de nosotros. El profeta Isaías, que vivió alrededor del año 700 a.C., ya recordaba al pueblo de Israel: «Incluso antes de que llamen yo responderé, y estando aún hablando serán escuchados» (Is 65,24).

No es necesario informar a Dios de nuestra realidad, cuando el mismo Jesús dijo: «Vuestro Padre conoce las necesidades que tenéis antes de que vosotros le pidáis» (Mt 6,8). Muchas veces notamos que el orante quiere convencer a Dios de lo que es más importante y mejor para él, como si el Padre desconociera la situación y las necesidades reales de sus hijos. Hay oraciones que parecen ser un intento de hacer que Dios cambie de opinión, reconsidere su posición y acepte la voluntad de la persona que ora. También criticamos la oración que busca dar a

Dios lo que es responsabilidad nuestra, como, por ejemplo, pedir por la paz en el mundo, olvidando que el problema de la violencia y las guerras lo debemos resolver nosotros mismos, a través de nuestras acciones de paz y solidaridad. También está el uso de ciertas «fórmulas mágicas», además de las oraciones hechas por obligación o simple costumbre y tradición. Entonces podemos preguntar: ¿Cuál es el verdadero significado de la oración cristiana? ¿Para qué sirven las fórmulas elaboradas en las comunidades y oficializadas por la Iglesia? ¿Por qué debemos rezar con insistencia, si Dios es pura bondad, si sabe y conoce todo? ¿No sería nuestra insistencia en la oración un intento de cambiar la voluntad del corazón de Dios, que es amor y misericordia?

La oración nos ayuda a sintonizar con el Padre, a comprender mejor cómo ve Él nuestra realidad. Perseveramos en la oración para sintonizar nuestro corazón con el corazón de Dios, y eso suele llevar mucho tiempo. Jesús nos invita a insistir en la oración y a no multiplicar las palabras, en una especie de «palabrería» o parloteo ante el Padre que conoce y escucha nuestro corazón. El Maestro nos enseña: «Pues bien, yo os digo: "Pedid y se os dará; buscad y encontraréis; llamad y se os abrirá. Porque el que pide recibe; el que busca encuentra, y al que llama se le abre"» (Lc 11,9-10).

Tras estas consideraciones y observando la ausencia de algunos elementos propios de nuestras oraciones en el Padrenuestro, como las expresiones de súplica, las frases de alabanza e incluso las de acción de gracias, nos preguntamos: Al fin y al cabo, ¿cómo debemos orar? ¿Qué debemos pedir en oración y cómo?

Ante estas preguntas, hacemos, aceptamos y asumimos la petición de los discípulos a Jesús, después de verlo orar: «Señor, enséñanos a orar, como Juan enseñó a sus discípulos» (Lc 11,1). La petición de los discípulos –«enséñanos a orar»– equivale a pedir que Jesús muestre el rostro de su Dios, tan diferente de los dioses paganos. Los discípulos quieren conocer al Dios de Jesús. Es como si le dijeran: «Maestro, dinos, ¿quién es tu Dios?». Desde muy pronto, los discípulos se dieron cuenta de que la oración de Jesús era diferente y que conducía a una relación con Dios distinta a la que conocían. Recordemos que algunos de los discípulos pertenecían al grupo del precursor Juan Bautista, quien les indicaba que era «el cordero de Dios» (Jn 1,29.36) y decía: «Él debe crecer y yo menguar» (Jn 3,30).

Los discípulos comenzaron a darse cuenta de que Jesús estaba en constante diálogo con Dios. Entonces, querían saber cómo era Jesús, cómo oraba, así como profundizar en la misma experiencia que tuvo con el Padre.

Fue en este ambiente de oración cuando Jesús enseñó el Padrenuestro. Una oración abierta y ecuménica que pueden rezar sin reservas judíos, musulmanes, budistas y muchos otros grupos religiosos[5]. Una oración que nos permite dialogar y orar con todas las religiones e incluso con los no creyentes y ateos. Una oración en la que Dios nos concede la identidad de hijos y miembros de su gran familia. Al rezar el Padrenuestro, nos unimos con el Padre y entramos en comunión con todos nuestros hermanos y hermanas. En la oración, nos convertimos en miembros de la familia de Dios, superando todas y cada una de las fronteras, ya sean de clase social, cultura o raza.

El Padrenuestro no es una nueva fórmula enseñada por Jesús que ponemos junto al Avemaría o a alguna otra oración. Pero podemos colocarlo junto a la oración del Credo, donde profesamos nuestra

---

[5] Cf C. M. Martini, *Il Padre nostro, non sprecate parole*, San Paolo, Milán 2016, 53-54.

fe. El Credo comienza así: Creo en Dios Padre... De esta manera, la oración del Padrenuestro nos llama a profesar la fe y a volver al Dios de Jesús, que no es un rey poderoso, un legislador hábil, sino, ante todo, Padre. No es un Dios que nos prueba para evaluar la grandeza de nuestra fe, capaz de causar sufrimiento o incluso vengarse de las debilidades humanas. Dios es el Padre que conoce profundamente a cada uno de sus hijos. Él es nuestro Padre. Vemos, pues, una clara relación entre la fe –creo– y la oración del Padrenuestro que rezamos en la vida cotidiana. De hecho, esta es la conexión que anhelamos: fe – oración – vida.

En el primer capítulo del libro presentaremos las dos versiones del Padrenuestro, según el evangelio de Mateo y según el de Lucas, con sus respectivos contextos y estructuras. También señalaremos los ecos de la Oración del Señor en otros escritos del Nuevo Testamento. En los siguientes capítulos reflexionaremos sobre cada expresión de esta oración, considerando sus raíces bíblicas y reuniendo elementos para nuestra espiritualidad y nuestra acción pastoral.

1
La oración de Jesús

Vosotros rezad así: Padre nuestro...
(Mt 6,9a)

El primer movimiento en el corazón orante es impulsado por el don de la fe. La fe nos lleva a la oración y viceversa. Orar es dialogar con Dios, escucharlo y sintonizarnos con el Padre. Esta comunicación dialogante da paso a la esperanza que nos acerca aún más a Dios. En él descubrimos el amor: tan cercano, tan profundo, tan Padre: Padre nuestro[1]. La misión de Jesús es revelar al Padre, mostrar el rostro de su Padre y nuestro Padre: «El que me ha visto a mí ha visto al Padre» (Jn 14,9). Al presen-

---

[1] Santo Tomás de Aquino afirma que el Padrenuestro, entre todas las oraciones, es la oración por excelencia. Ella posee las cinco cualidades requeridas para cualquier oración: confiada, recta, ordenada, devota y humilde (cf *Catecismo de la Iglesia católica*, n. 2763).

tar a Dios como Padre, Jesús nos está diciendo que Dios es amor y nosotros somos los hijos, la razón de ese amor. Jesús era un hombre muy orante. Le gustaba orar en los más diversos lugares y a veces se apartaba para dialogar con el Padre. «Jesús es el profeta que conoce las piedras del desierto y sube a las cimas de las montañas. [...] Y así se convierte en maestro de oración para sus discípulos, como ciertamente quiere serlo para todos nosotros»[2].

El Padrenuestro es la oración que el Señor presentó a petición de uno de sus discípulos –no sabemos cuál– quien, al ver el comportamiento y la vida de Jesús, sintió sed de orar[3]. Así que le pidió al Maestro que le enseñara las palabras correctas y la forma apropiada de experimentar y hablar con Dios. La petición se hizo después de un tiempo de convivencia con el Maestro, cuando observaron la forma en que Jesús oraba, cuando vieron su manera particular e intensa de volverse frecuentemente a Dios en tiempos y lugares diferentes a los conven-

---

[2] Cf Papa Francisco, *Catequesis sobre el Padrenuestro 1,* Audiencia general, Ciudad del Vaticano, 5 de diciembre de 2018.

[3] Orígenes señala que la oración debe dirigirse al Padre, y no a algún mortal o a Cristo. «Jesús mismo nos enseñó a dirigirnos al Padre y no a sí mismo» (cf A. Just, *La Bibbia commentata dai Padri. NT 3. Luca,* Città Nuova, Roma 2006, 270).

cionales. Es interesante notar que la petición «enséñanos a orar...» vino de un discípulo anónimo y no del líder, Pedro, ni de Santiago o Juan. Este discípulo manifestó un anhelo que fue compartido por todos los seguidores que estaban fascinados por la forma en que Jesús oraba y que sentían la misma sed[4].

Se considera que, en esa época, cada rabino cultivaba su espiritualidad condensada y sintetizada en una oración privada. Esta oración indicaba la forma de ser del rabino y lo distinguía de otros maestros. Cada una de las escuelas de espiritualidad, con sus respectivos rabinos, se distinguía de las demás por una oración específica que manifestaba sus valores y su sensibilidad espiritual particular. Los discípulos pidieron a Jesús que les enseñara una oración y un modo de orar que los diferenciara de otros grupos y movimientos y que, al mismo tiempo, fuera modelo y manifestara su estilo, su originalidad y la comunión del grupo de sus seguidores. Ellos, que acogieron a Jesús como Hijo de Dios y Mesías, quieren establecer su propia identidad frente al judaísmo.

---

[4] Cf C. M. MARTINI, *Il Padre nostro, non sprecate parole*, San Paolo, Milán 2016, 31.

El Padrenuestro: una oración en dos versiones

De los cuatro evangelios, dos contienen la oración del Padrenuestro que Jesús enseñó a sus discípulos en su lengua materna, la lengua de su pueblo: el arameo[5]. Los evangelistas Mateo y Lucas presentan sus respectivas versiones. Según Mateo, el Padrenuestro fue transmitido por Jesús en el monte de las Bienaventuranzas en Galilea. Según Lucas, el Padrenuestro fue enseñado en el monte de los Olivos, próximo a Jerusalén, y muy cerca de la pasión y muerte de Jesús[6]. Aunque no encontramos el Padrenuestro en los evangelios de Marcos y Juan, es patente que los temas principales de esta oración impregnan la obra de todos los evangelistas. De hecho, podemos decir que el evangelio de Marcos, el primero que se escribió, alrededor de los años 70 d.C., en cierto modo prepara a las comunidades

---

[5] En el lugar aproximado donde Jesús enseñó a orar a sus discípulos, encontramos la iglesia del Padrenuestro. La primera iglesia, construida a petición de santa Elena, madre de Constantino, fue destruida por los persas en el año 614. Posteriormente, los cruzados construyeron una nueva iglesia, y la basílica actual data del siglo XIX. En las paredes encontramos escrito el Padrenuestro en un gran número de idiomas.

[6] La Oración del Señor, en Lucas, aparece en el contexto de una catequesis presentada en tres partes: el Padrenuestro (Lc 11,1-4), la parábola del amigo insistente (Lc 11,5-8) y el hijo hambriento (Lc 11,9-13). Cf O. Spinetoli, *Luca, il vangelo dei poveri*, Cittadella, Asís 1999, 389.

para recibir y comprender el sentido profundo del Padrenuestro, que, aproximadamente diez años más tarde, aparece en los evangelios de Mateo y Lucas[7].

Si en Marcos no tenemos todavía la fórmula explícita de la oración del Padrenuestro, en el evangelio de Juan, escrito hacia el año 95 d.C., vemos el desarrollo y la maduración de los grandes temas de esta oración centrados en la persona de Jesús, el Verbo de Dios hecho carne (cf Jn 1,14). «La ausencia del Padrenuestro en el evangelio de Juan es solo aparente. Porque, en la oración sacerdotal de Jesús, en la hora de su gloria, tenemos, por así decirlo, "el Padrenuestro de Jesús"»[8]. Si en el evangelio de Juan tenemos la «Oración sacerdotal», en Marcos podemos destacar especialmente la oración de Jesús en Getsemaní (cf Mc 14,32-42; Jn 17). En los escritos de Pablo tampoco encontramos una fórmula que corresponda a la de Mateo y Lucas, pero

---

[7] En el evangelio de Marcos encontramos los principales elementos representados en el Padrenuestro. Los discípulos están llamados a volverse al Padre con confianza (cf Mc 2,22-24), a profundizar en el sentido de la multiplicación de los panes (cf Mc 6,30–8,29), a pedir perdón en la oración (cf Mc 11,25), y a enfrentarse al mal (cf Mc 1,23-26.34.39). Véase el excelente artículo de Ugo Vanni sobre el Padrenuestro en los cuatro evangelios y también en los escritos de Pablo (cf U. Vanni, *Il Padre Nostro*, Civiltà Cattolica, Roma 1993, III, 345-358; IV, 447-490).

[8] Cf U. Vanni, *a.c.*, 483.

sí tenemos elementos que apuntan claramente a la oración del Padrenuestro[9]. Sabemos que en las comunidades paulinas ya se rezaba al Padre con la misma familiaridad que Jesús. Los cristianos, guiados por el Espíritu Santo y reunidos en asamblea litúrgica, se referían a Dios gritando: «¡*Abba*, Padre!» (cf Rom 8,15; Gál 4,5-6).

Proponemos leer con atención tanto la versión más explícita de Mateo –el evangelio del trabajador del Reino– como la más breve de Lucas, donde se presenta a Jesús como una persona orante y los discípulos son llamados a imitarlo, buscando la misma intimidad con el Padre (cf Lc 5,16). Queremos orar con cada una de estas versiones, observar, meditar y comentar las similitudes y las diferencias entre ellas. Pongamos la de Mateo junto a la versión de Lucas y reflexionemos sobre las palabras que componen esta oración rezada por Jesús y por todos sus seguidores desde los tiempos apostólicos[10]. Con

---

[9] Cf Sobre los «ecos» de la Oración del Señor en los evangelios de Marcos y Juan, en la Carta a los hebreos y en los escritos paulinos, véase O. CLÉMENT-B. STANDAERT, *Pregare il Padre nostro*, Qiqajon, Magnano 1989, 21-42.

[10] Véase el trabajo de Lorenzi confrontando la versión del Padrenuestro en Mateo con la de Lucas (cf L. LORENZI, *La preghiera del discepolo (Mt 6,9-13). Parola, spirito e vita, quaderni di lettura biblica. Insegnaci a pregare 3*, Dehoniano, Bolonia 1981, 106-121).

fe, leamos, o más bien oremos, la oración según el evangelio de Mateo, comparándola con la versión de Lucas, y recojamos elementos para enriquecer nuestra espiritualidad e iluminar nuestro camino[11].

Mateo	Lucas
«Vosotros rezad así: Padre nuestro, que estás en el cielo, santificado sea tu nombre; venga a nosotros tu reino; hágase tu voluntad en la tierra como en el cielo. Danos hoy nuestro pan de cada día; perdona nuestras ofensas, como también nosotros perdonamos a los que nos ofenden; no nos dejes caer en la tentación, y líbranos del mal». (Mt 6,9-13)	«Cuando oréis decid: Padre, santificado sea tu nombre; venga tu reino; danos cada día nuestro pan cotidiano; perdónanos nuestros pecados, porque también nosotros perdonamos a todo el que nos debe, y no nos dejes caer en la tentación». (Lc 11,2-4)

[11] En esta reflexión seguimos la traducción bíblica de la Editorial San Pablo España (véase *La Santa Biblia*, San Pablo, Madrid 2009). Traducción de los textos originales en equipo bajo la dirección del Dr. Evaristo Martín Nieto (NdT).

Inmediatamente notamos que el Padrenuestro según Lucas es más corto[12]. Cita el sustantivo «Padre» y omite la expresión «nuestro, que estás en el cielo». Mateo, en cambio, utiliza la expresión «Padre nuestro», que expresa su interés comunitario y eclesial. También notamos que presenta siete peticiones, mientras que en Lucas se sintetizan en cinco, conservando el mismo orden[13]. Las siete peticiones que siguen a la invocación inicial, según la versión de Mateo, son: 1) santificado sea tu Nombre; 2) venga a nosotros tu reino; 3) hágase tu voluntad; 4) danos hoy nuestro pan de cada día; 5) perdona nuestras ofensas; 6) no nos dejes caer en la tentación; 7) y líbranos del mal.

En el evangelio de Mateo –escrito para judíos convertidos a la fe cristiana–, el Padrenuestro se inserta en la parte central del Sermón de la Montaña y aparece entre dos obras de piedad: la limosna y el

---

[12] Cf F. BAVON, *Vangelo di Luca 2*, Paideia, Brescia 2007, 143.

[13] En el evangelio de Mateo, el número siete aparece varias veces: dos veces las siete generaciones en la genealogía de Jesús (Mt 1,17); las siete bienaventuranzas (Mt 5,3ss); el perdonar setenta veces siete (Mt 18,22); las siete maldiciones (Mt 23,13ss) y las siete peticiones del Padrenuestro (Mt 6,9-13). Tal vez Mateo añadió a la versión de Lucas (Lc 11,2-4) otras dos peticiones: la tercera, es decir, «hágase tu voluntad» (Mt 7,21; 21,31; 26,42), y la séptima, es decir, «y líbranos del mal» (Mt 13,19.38) para completar el número siete.

ayuno (cf Mt 6,1-18). Si Mateo escribe para personas acostumbradas a la oración y quiere corregir posibles vicios en el momento de la oración, en Lucas
el Padrenuestro se sitúa en el contexto de una catequesis sobre la oración impartida por Jesús durante
el viaje de subida a Jerusalén (cf Lc 9,51–19,27).
Lucas, que escribe para comunidades donde la mayoría de la gente proviene del paganismo, tiene una
versión más corta para ayudarlos a iniciarse en el
camino de la oración. En su evangelio, después de
mostrar a Jesús orando en un lugar determinado, los
discípulos piden al Maestro que les enseñe a orar
como Juan Bautista enseñó a sus seguidores (cf Lc
11,1). Se observa que el Padrenuestro de Lucas se
sitúa después de la parábola del Buen Samaritano,
es decir, de la caridad, y del diálogo de Jesús con las
hermanas Marta y María, es decir, de la escucha de
la Palabra y del justo equilibrio de nuestras actividades (cf Mt 6,1-18; Lc 10,29-37; 10,38-42).

Pero, ¿por qué circularon dos versiones de la
Oración del Señor en las comunidades cristianas?
¿Cuál es la más antigua y original? Entendemos
que la versión de Lucas, porque es más corta y está
completamente presente en la versión más larga, es
la más antigua y, por lo tanto, más cercana al ori-

ginal que la de Mateo. También consideramos que las comunidades solían ampliar los textos para utilizarlos en las celebraciones litúrgicas[14]. Existe cierto consenso entre los estudiosos de que la forma abreviada de Lucas es la más antigua, mientras que la versión de Mateo es más original, con palabras más arcaicas[15]. Por otro lado, no podemos descartar la hipótesis de que el mismo Jesús enseñó a sus discípulos las dos versiones, una más corta y otra más larga, siendo transmitidas en distintas ocasiones[16]. En cualquier caso, tanto Mateo como Lucas ciertamente hicieron algunas «adaptaciones», según sus respectivas visiones teológicas y considerando las culturas de sus comunidades[17]. El hecho de que tengamos dos versiones del Padrenuestro en los

---

[14] El Padrenuestro, según la versión del evangelio de Mateo, se introdujo naturalmente en la liturgia de la Iglesia. San Cirilo, obispo de Jerusalén (350-386), da fe del uso de esta oración en las celebraciones eucarísticas de las comunidades. El *Catecismo de la Iglesia católica* recuerda la tradición apostólica que sitúa el Padrenuestro en la liturgia y, de modo especial, en los sacramentos de la iniciación cristiana (véase nn. 2767-2772).

[15] Cf C. M. MARTINI, *o.c.*, 38.

[16] Cf J. JEREMIAS, *O Pai-Nosso, a oração do Senhor*, Paulinas, São Paulo (Brasil) 1976, 25.

[17] Según los estudiosos de la Sagrada Escritura, la versión del Padrenuestro de Mateo, así como la de Lucas, resumen fielmente la esencia del mensaje de Jesús, pero no corresponden a las palabras exactas que el Maestro había dicho literalmente a los discípulos (cf R. FABRIS, *Matteo, traduzione e commento*, Borla, Roma 1982, 155-156).

evangelios es una señal de que las primeras comunidades prestaban más atención a la esencia que a la fórmula con las palabras exactas de la oración. También es un buen indicio de que el Padrenuestro sale de la boca de Jesús. A pesar de las diferencias entre las versiones de Mateo y de Lucas, ambas afirman que fue el Maestro quien enseñó esta oración a los discípulos[18].

Encontramos una «tercera versión» del Padrenuestro en un documento antiguo redactado por las primeras comunidades cristianas, llamado *Didajé* –Instrucción de los Doce apóstoles–, que fue escrito poco después del evangelio de Mateo[19]. En la *Didajé*, que reproduce la versión de Mateo ya presente en la liturgia de estas comunidades, el Padrenuestro tiene una añadidura de alabanza –doxología– al final: «Porque tuyo es el poder y la gloria por los siglos de los siglos»[20]. Este anti-

---

[18] A lo largo del Nuevo Testamento encontramos muchas oraciones, himnos... que hacen referencia a las primeras comunidades. Pero, solo en el caso del Padrenuestro, los evangelistas Mateo y Lucas afirman claramente que fue enseñado por el mismo Jesús.

[19] Cf *Didaqué, o Catecismo dos primeiros cristãos para as comunidades de hoje*, Paulinas, São Paulo (Brasil) 1989, 20.

[20] En la segunda Carta a Timoteo, también encontramos una doxología final: «El Señor me librará de todo mal y me dará la salvación en su reino celestial. A él la gloria por los siglos de los siglos. Amén» (2Tim 4,18).

guo «catecismo comunitario» nos muestra que los cristianos, desde los primeros tiempos, celebraban la «fracción del pan» y rezaban el Padrenuestro al menos tres veces al día –por la mañana, al mediodía y al final de la tarde–, mientras que los judíos estaban acostumbrados a rezar diariamente las «dieciocho bendiciones»[21]. El Padrenuestro se distingue de las «dieciocho bendiciones» judías no solo por el orden y la originalidad de las peticiones, sino por la libertad y sencillez con que Jesús nos enseña a dirigirnos al Padre. Ya en la época de la *Didajé*, se entregaba la oración del Padrenuestro a las personas que se preparaban al bautismo, para que lo rezaran inmediatamente después de recibir el primer sacramento[22].

El Padrenuestro en los evangelios de Mateo y Lucas

Una montaña de Galilea fue el sugerente escenario elegido por Jesús para enseñar a sus discípulos la oración del Padrenuestro. En el evangelio de Mateo,

---

[21] Cf *Didaqué*, 20; *Catecismo de la Iglesia católica*, nn. 2760-2767.
[22] Cf L. Ulrich, *Matteo 1, commentario*, Paidea, Brescia 2006, 496.

esta oración se inserta en el centro del famoso Sermón de la Montaña, más precisamente en la sección donde el Maestro critica la oración exhibicionista de aquellos que oran solo para ser vistos y considerados piadosos por la gente. En este Sermón, que refleja profundamente el corazón del Maestro y resume las catequesis dadas en las comunidades, Jesús invita a los discípulos a superar la justicia de los escribas y fariseos –la ley de Moisés– y a acoger la justicia del Reino de los cielos. El Maestro dirige duras críticas a quienes hacen de la oración una especie de teatro y dramatización. Jesús se opone a la religión exterior de los fariseos, marcada por las apariencias y las formalidades, y nos invita a la interiorización, al silencio y a la búsqueda de la experiencia de la fe, capaz de hacer arder el corazón de los discípulos durante el camino (cf Lc 24,25). Jesús dijo:

Cuando recéis, no seáis como los hipócritas, que prefieren rezar de pie en las sinagogas y en las esquinas de las plazas para que los vea todo el mundo. Os aseguro que ya recibieron su recompensa. Tú, cuando reces, entra en tu habitación, cierra la puerta y reza a tu Padre, que está presente en lo secreto; y tú Padre, que ve en lo secreto, te recompensará. Al rezar, no os convirtáis en charlatanes como los paganos, que se imaginan que serán escuchados por su mucha palabrería. No hagáis como ellos, porque vuestro Padre conoce las necesidades que tenéis antes de que vosotros le pidáis (Mt 6,5-8).

Jesús observa el número de oraciones de los fariseos y cuestiona su manera hipócrita de orar. Por cierto, la palabra «hipócrita» proviene del teatro griego e indica la representación de los personajes en el espacio escénico. Jesús critica la oración exhibicionista hecha con pretensiones, máscaras y falsas virtudes. El Maestro cuestiona la oración vacía de los que rezan en las plazas solo «para ser vistos por los hombres». Él enseña que la oración debe dirigirse a Dios y no al público. Debemos entrar en la habitación, es decir, entrar en nosotros mismos, donde están nuestros ídolos y nuestros tesoros. Jesús nos invita a colocarnos solos ante el Padre, con las puertas cerradas, y a abrir nuestro corazón de par en par[23].

El Maestro no acepta la justificación de que se reza ante el «público» para dar un buen ejemplo.

---

[23] Cf R. QUAGLIA, *Il Padre nostro, tra psicologia e spiritualità*, Marcianum Press, Venecia 2018, 40-41.

Él enseña que toda oración verdadera nos lleva exclusivamente a Dios, nuestro Padre. No se trata de gritar o de usar muchas palabras, como queriendo convencer a Dios o creyendo en la eficacia de una determinada fórmula, sino orando con confianza en el Padre que nos ama y nos conoce. Más que cuestionar la multiplicación de palabras en la oración de los paganos, Jesús nos invita a acercarnos a Dios con la serenidad de un niño que se dirige al Padre, como «un niño que se sabe amado»[24]. Ya el sabio del Eclesiastés o Qohélet aconsejaba: «No seas precipitado en tu boca, y tu corazón no se apresure a proferir una palabra delante de Dios, porque Dios está en los cielos y tú estás en la tierra; por eso sean pocas tus palabras» (Qo 5,1).

Los paganos solían decir que demasiadas palabras cansan a los dioses. Un conocido dicho de los rabinos decía: «En el mundo hay diez porciones de hipocresía, de las cuales nueve se encuentran en Jerusalén».

De hecho, Jesús no critica la ausencia o el exceso de palabras, sino la manera teatral de rezar y de ponerse ante Dios. En el evangelio, Mateo deja claro

---

[24] Cf J. Dupont, *A esmola, a oração e o jejum*, Paulinas, São Paulo (Brasil) 1983, 37.

que el Maestro no quiere que sus discípulos oren como los fariseos: «No hagáis como ellos» (Mt 6,8). Tras criticar el exceso de palabras y el exhibicionismo de los hipócritas, el evangelista presenta a Jesús enseñando a los discípulos a rezar el Padrenuestro. Puede parecer contradictorio utilizar nuevas palabras y peticiones a Dios, después de haber criticado las pronunciadas por los hipócritas en las esquinas y plazas de Jerusalén. Mateo muestra a Jesús enseñando una nueva forma de orar. Es una oración humilde, confiada y abierta a la voluntad del Padre: «Pedid y se os dará; buscad y encontraréis; llamad y se os abrirá» (Mt 7,7).

Las comunidades cristianas han conservado la memoria de Jesús como persona orante, que vivía en permanente comunión y diálogo con el Padre. En los evangelios, Jesús ora mucho y se muestra íntimo con el Padre (cf Jn 10,30). De los autores del Nuevo Testamento, Lucas pone el mayor énfasis en el tema de la oración. Para él, la oración es la fuerza y el apoyo de los cristianos que oran en comunidad, en las casas, en los templos y en muchos otros lugares (cf He 3,1; 12,12; 16,13; 21,5). En su evangelio, el tema de la oración aparece ya en el momento del anuncio del nacimiento de Juan Bautista y de Jesús (cf Lc 1,10-11.13.28). Lucas, al resaltar el valor y la importancia de la oración, nos recuerda que esta es una de las principales actitudes de los seguidores de Jesús, quien nos enseña a orar y a perseverar en diálogo constante con Dios. Para este evangelista, Jesús era el orante que muchas veces se retiraba a orar solo y guiaba a sus discípulos a orar siempre[25]. Fue un hombre de constante oración, estuvo siempre en comunión con Dios y lo único que buscaba era cumplir plenamente la voluntad del Padre[26].

---

[25] En el evangelio de Lucas, a menudo encontramos a Jesús en oración. Siendo aún adolescente, vemos a Jesús en la casa del Padre (Lc 2,46-50) y, al comienzo de su vida pública, cuando fue bautizado por Juan a orillas del río Jordán, también oraba (Lc 3,21). Oró en el desierto, donde fue tentado (Lc 4,1-12), y pasó la noche en oración en el monte antes de elegir a los doce apóstoles (Lc 6,12). También rezaba en las sinagogas con los judíos (Lc 4,16), enseñaba a sus discípulos a rezar para que el Señor enviara obreros a su mies (Lc 10,2) y alababa al Padre que revela el evangelio a los pequeños (Lc 10,21). Jesús sabía que el Padre siempre escuchaba sus oraciones y le gustaba el silencio del desierto, donde solía orar (Lc 5,16; 9,18), pero también oraba en el monte Tabor mientras se transfiguró (Lc 9,28). En la cruz, Jesús oró por sus verdugos (Lc 23,34) y entregó su espíritu al Padre (Lc 23,46). Estos son algunos de los muchos pasajes del evangelio de Lucas en los que se desborda el tema de la oración. En el libro de los Hechos de los apóstoles, cuando Lucas presenta el camino de las comunidades, destaca también la oración como actitud fundamental de los seguidores de Jesús: «Todos los creyentes tenían un solo corazón y una sola alma» (He 4,32) y «eran constantes en escuchar la enseñanza de los apóstoles, en la unión fraterna, en partir el pan y en las oraciones» (He 2,42).

[26] Cf S. DE FIORES-T. GOFFI-A. GUERRA (dirs.), *Nuevo diccionario de espiritualidad*, San Pablo, Madrid 2012, 542-599.

En los evangelios es evidente que el seguimiento de Jesús está íntimamente ligado al tema de la oración. No podemos declararnos cristianos si no cultivamos la experiencia de Dios en la oración. Jesús nos enseñó que la oración es, ante todo, un diálogo de amor con el Padre. En el contexto del Padrenuestro, en Mateo, vemos a Jesús insistiendo a sus discípulos, invitándolos a buscar la oración silenciosa, rezada «en el secreto de la propia habitación» (cf Mt 6,6). Sin la oración no llegaremos a una intimidad profunda con nosotros mismos, donde está el Padre, ni podremos tocar al Dios que vive en nuestros hermanos. Oramos en el nombre de Jesús y con él aprendemos a llamar a Dios Padre, con la certeza de que seremos escuchados. El Espíritu Santo nos ayuda e ilumina cuando ni siquiera sabemos qué pedir en la oración (cf Rom 8,14-17; 8,26-27).

El Padrenuestro es una oración trinitaria, donde invocamos al Padre que está en los cielos, que engendra al Hijo, en el Espíritu Santo, y en él obra y nos libra del mal. El Hijo santifica el nombre del Padre que lo envió al mundo para construir el Reino y cumplir su voluntad. Con Cristo, en el Espíritu Santo, nos volvemos al Padre con la confianza de hijos amados de Dios.

La estructura del Padrenuestro

En el Padrenuestro encontramos, según la versión de Mateo, una invocación inicial –«Padre nuestro que estás en el cielo»– seguida de siete súplicas o peticiones. Las tres primeras peticiones apuntan al Padre: tu nombre, tu Reino y tu voluntad. Las otras cuatro indican nuestras necesidades o dificultades: Danos pan..., Perdónanos..., No nos dejes caer... y Líbranos... Se observa que las siete peticiones –número que en la Biblia indica totalidad– marcan las relaciones humanas con respecto a Dios (vertical) y a los hermanos (horizontal).

Comparando las versiones de Mateo y Lucas, nos damos cuenta de que ambas tienen una estructura similar[27]. Pero es evidente que la versión de Mateo es más solemne y estructuralmente más equilibrada[28]. A las tres primeras peticiones de Mateo corresponden las dos primeras de la versión de Lucas. Las frases de estas solicitudes iniciales se refieren a la segunda persona del singular:

---

[27] Cf C. MARUCCI, *Padre nostro e la sua traduzione,* Civiltà Cattolica, Roma 1996, 338-350.

[28] Cf A. STOGER, *Vangelo secondo Luca. v. I,* Città Nuova, Roma 1993, 294.

«Tú». En las otras cuatro peticiones de Mateo y en las tres de Lucas, se destaca el uso del pronombre de primera persona plural: «Nosotros», que indica la dimensión comunitaria de la espiritualidad. En ambas versiones, la petición del «pan de cada día» aparece en el centro, como punto de separación en la estructura del Padrenuestro. En la primera parte de la estructura tenemos una forma positiva con tres peticiones marcadas por imperativos: que sea santificado el Nombre santo de Dios, que venga su reino y que se haga su voluntad. Luego tenemos la parte central, cuando pedimos el pan de cada día sin acumular nada. En la segunda parte, notamos una forma más negativa: perdona nuestros pecados y líbranos de las tentaciones y del mal.

Las tres primeras peticiones vuelven a los grandes temas del Antiguo Testamento y a la relación del pueblo de Israel con Dios. La santificación del Nombre santo de Dios, revelado a Moisés, para que sea conocido y amado; la petición de que se establezca el reino de amor y de justicia, y la disposición a acoger la voluntad del Señor escrita en la ley forman el primer bloque de peticiones de la oración del Padrenuestro, que apunta a nuestra relación con Dios. En el siguiente bloque, pasamos a las relaciones humanas que deben estar marcadas por el perdón, la superación de las tentaciones que nos desvían de los caminos del Reino y la certeza de la victoria sobre el mal. Estas últimas cuatro peticiones se pueden dividir en dos grupos: en el primer grupo pedimos el alimento diario y la sanación de nuestros pecados, y en el siguiente grupo oramos por nuestra lucha y combate contra todo mal. En el centro de las siete peticiones, uniendo los dos bloques –la relación con Dios y nuestra relación con los demás– está la petición del pan de cada día, que resume todas las necesidades del ser humano, llamado a vivir en justicia y fraternidad.

Tras contextualizar las versiones de Mateo y Lucas y observar la estructura del Padrenuestro, proponemos meditar sobre el significado de la invocación inicial y sobre cada una de las peticiones o súplicas del Padrenuestro.

Estructura del Padrenuestro

Invocación inicial

Padre nuestro,

que estás en el cielo, = filiación/proximidad

Iª parte

1ª petición – santificado sea tu Nombre;

2ª petición – venga a nosotros tu Reino;

3ª petición – hágase tu voluntad

    en la tierra como en el cielo.

} «Tú» = Padre/vertical

Centro (conexión entre los dos bloques)

4ª petición – Danos hoy nuestro pan de cada día;

    = Alimento, justicia y fraternidad

IIª parte

5ª petición – perdona nuestras ofensas,

    como también nosotros perdonamos

    a los que nos ofenden;

6ª petición – no nos dejes caer en la tentación,

7ª petición – y líbranos del mal.

} «Nosotros» = hermanos/horizontal

4ª y 5ª petición: Las necesidades humanas de pan y de perdón de los pecados.

6ª y 7ª petición: El combate y la lucha contra las tentaciones y el mal.

2
Una nueva forma de orar

Padre nuestro, que estás en el cielo.
(Mt 6,9b)

Jesús inicia su oración de manera natural, espontánea, afectuosa y familiar, cuando llama a Dios Padre con total libertad: Padre nuestro. En el huerto de Getsemaní, en el monte de los Olivos, la noche antes de su crucifixión, cuando oraba y su sudor se convertía en gotas de sangre, Jesús oraba: «Padre mío» (cf Mt 26,39.42). En los evangelios, Jesús se dirige a Dios llamándolo Padre 182 veces[1]. Y solo una vez la palabra «Padre» –«*Abba*»– se refiere a

---

[1] En el Nuevo Testamento, el término «Padre» aparece 414 veces, la mayoría en los escritos de Juan. En el evangelio de Mateo, el término aparece 63 veces, en Marcos 19 veces, en Lucas 56 veces en el evangelio y 35 en los Hechos de los apóstoles. Pablo lo usa 40 veces y también aparece en otros escritos del Nuevo Testamento. Sobre el tema de la paternidad y la maternidad en la Biblia, véase G. De Virgilio, *Dizionario Biblico della Vocazione*, Rogate, Roma 2007, 646-652.

Dios y es dicha por una persona que no es el Hijo. Es el pasaje donde el apóstol Felipe le pide a Jesús: «Señor, muéstranos al Padre y nos basta» (Jn 14,8).

En la comprensión hebrea antigua, el padre era el que engendraba mientras que la madre solo daba a luz al hijo (cf Is 45,10). En el hijo está la continuidad de la vida que refleja el rostro y el modo del padre[2]. De hecho, en el evangelio de Mateo, justo antes de que Jesús enseñe la oración del Padrenuestro, invita a los discípulos a asemejarse al Padre en el amor y en su perfección: «Vosotros sed perfectos, como vuestro Padre celestial es perfecto» (Mt 5,48). Es importante notar que el término «*Abba*», empleado por Jesús, es usado cariñosamente por los niños cuando se refieren a su padre: «papá/papito». Es de esta manera infantil, sencilla y familiar que Jesús nos enseña a dirigirnos a Dios. En este contexto, recordamos las palabras del Maestro: «Os aseguro que, si no cambiáis y os hacéis como niños, no en-

---

[2] El profeta Isaías compara a Dios con una madre que nunca olvida a su hijito o que está siempre dispuesta a consolar (cf Is 49,15; 66,13). Pero tanto en el Antiguo como en el Nuevo Testamento, Dios nunca es calificado como madre. En el *Catecismo de la Iglesia católica* leemos que Dios trasciende la distinción de sexos. No es hombre ni mujer, sino el creador de ambos (cf n. 239).

traréis en el reino de Dios» (Mt 18,3). Rezando el Padrenuestro, confirmamos el deseo de crecer sin dejar de ser niños a los ojos de Dios[3]. La figura del Padre será siempre un referente para los hijos. Esto también reafirma la autoridad de Aquel que nos acompaña a lo largo de nuestra vida[4].

El Padre de Jesús y de cada uno de nosotros

Al meditar el Padrenuestro, Benedicto XVI afirma que solo Jesús puede decir con pleno derecho la expresión «Padre mío». Él es el Hijo unigénito de Dios, de la misma sustancia que el Padre. Podemos llamar a Dios «Padre nuestro» a través de nuestra comunión con Jesús, en la que nos convertimos en

---

[3] La palabra «padre» indica ante todo aquel de quien recibimos la vida biológica. Pero padre es también el que educa, a veces con energía, el que castiga, el que sostiene... Nuestro Padre es el Padre de Jesús, el que lo llama Hijo (cf C. M. MARTINI, *Il Padre nostro, non sprecate parole,* San Paolo, Milán 2016, 46-48).

[4] El papa Francisco, explicando el significado de la palabra aramea «*Abba*», nos invita a imaginar la oración del Padrenuestro recitada por el hijo pródigo en su regreso a casa y en el calor del abrazo misericordioso del Padre (cf Lc 15,11-32). Cf PAPA FRANCISCO, *Catequesis sobre el Padrenuestro 5,* Audiencia general, Ciudad del Vaticano, 16 de enero de 2019.

hijos de Dios = «hijos en el Hijo». De este modo, observa Benedicto XVI, la palabra «nuestro» nos compromete a salir del recinto del «yo» para entrar en la comunidad de los hijos de Dios. Estamos llamados a abrir el corazón y a salir al encuentro de los demás diciendo «sí» a la «Iglesia viva», la gran familia de Dios, pasando de una realidad personal a una comunitaria y eclesial. Es un concepto dinámico, un camino que recorremos en la fe para convertirnos en hijos de Dios a través de una comunión cada vez más profunda con Cristo, el «hombre nuevo, el nuevo Adán»[5].

Jesús presenta una imagen completamente nueva de Dios como creador y Padre[6]. Él nos amó primero, como Juan recuerda a su comunidad: «En esto consiste el amor: no en que nosotros hayamos amado a Dios, sino en que Dios nos ha amado a nosotros y ha enviado a su Hijo como víctima expiatoria por nuestros pecados» (1Jn 4,10). Por primera

---

[5] Cf BENEDICTO XVI, *Jesús de Nazaret I. Desde el Bautismo a la Transfiguración*, La esfera de los libros, Madrid 2007, 169-176.

[6] Para los antiguos griegos y romanos, el título de «padre» también podía usarse para indicar una deidad, como, por ejemplo, Zeus, padre de los dioses y de los hombres. Pero nunca para designar una elección –la alianza– y señalar la ternura paternal de Dios como hizo Jesús, el Hijo (cf M. LEDRUS, *Il Padre nostro, preghiera evangelica*, Borla, Roma 1981, 18-19).

vez, los discípulos están llamados a superar la ley de Moisés y a acercarse a Dios a través de la práctica del amor, para pasar de la condición de siervos a hijos de Dios, como dice Pablo: «Él nos ha elegido en Cristo antes de crear el mundo, para que fuésemos santos e irreprochables a sus ojos. Por puro amor nos ha predestinado a ser sus hijos adoptivos, por medio de Jesucristo y conforme al beneplácito de su voluntad» (Ef 1,4-5; Rom 8,15). Jesús nos revela un Padre que estima y ama, se acerca, elimina las distancias y está lejos de ser un Dios severo que castiga, sanciona y hasta se venga. Si los judíos decían que Dios habitaba en el templo y los sacerdotes respetaban los lugares sagrados, el Maestro nos habla del Padre nuestro que nos lleva a la idea de una familia, una casa donde está con sus hijos en la vida cotidiana, un Dios que no está apegado a las paredes de los templos, sino que prefiere ser adorado en espíritu y en verdad (cf Jn 4,24). Pero es importante subrayar que el Padre de Jesús –nuestro Padre– no es otro que el Dios de Abrahán, el Dios de Israel[7].

---

[7] En el evangelio de Mateo se percibe un alejamiento de la sinagoga, pero no del Dios del pueblo judío (cf L. ULRICH, *Matteo 1, comentario*, Paidea, Brescia 2006, 502).

En la Biblia encontramos muchos atributos dirigidos a Dios, como Omnipotente, Creador, Rey, Patrono, Señor, Juez, Altísimo...[8]. Pero todos estos títulos adquieren un nuevo significado y comprensión cuando consideramos la paternidad de Dios según la revelación que recibimos de Jesús[9]. Dios no es un Padre según la experiencia de la persona, que puede ser positiva, de un padre amoroso, o negativa, de un padre desatento[10]. Dios es Padre según

---

[8] En el Antiguo Testamento, cuando a Dios se le llama «padre», es para enfatizar la debida obediencia de los hijos o para señalar el alcance universal de la fe de Israel (cf Dt 14,1; Mal 2,10). La palabra «padre» también se usa para indicar a Dios como el creador y restaurador de la vida. Corresponde al pueblo de Israel prolongar la transmisión de la vida a través de gestos que comuniquen este gran don de Dios (cf Dt 32,6; 2Sam 7,14; Sab 14,3; Is 63,16; 64,7; Jer 31,9).

[9] El *Catecismo de la Iglesia católica* nos invita a purificar las falsas imágenes paternas o maternas provenientes de la cultura o de la historia personal. Dichas imágenes pueden influir en la relación con Dios (cf n. 2779).

[10] En la sociedad actual, la figura del padre está muy deteriorada y, no pocas veces, es manipulada, tergiversada o incluso rechazada. Hay una corriente ideológica que imagina una sociedad sin padre, autónoma y creadora de sí misma. En esta realidad, el padre es un elemento insignificante, un personaje que tal vez solo falte a los niños desamparados. En la perspectiva de un mundo sin padre, el escritor estadounidense Ernest Hemingway escribió una parodia del Padrenuestro que refleja esta realidad: «Nada nuestra que estás en la nada, santificada sea tu nada, venga a nosotros tu nada, hágase tu nada, por doquier en la nada. Danos nuestra nada cotidiana y devuélvenos nuestras nadas, como nosotros devolvemos la nada a nuestro prójimo. Y no nos induzcas a la nada, sino que libéranos de la nada. Amén» (véase P. FANELLI, *Un centro di gravità permanente. Il Padre nostro: la preghiera di Gesù*, Paoline, Milán 2006,

la experiencia que Jesús nos revela: «Nadie conoce perfectamente al Hijo sino el Padre, y nadie conoce al Padre sino el Hijo» (Mt 11,27; Lc 10,22).

La expresión «Padre nuestro» –centro de gravedad de la fe cristiana– apunta a una realidad universal y no indica el sentido restringido de posesión, como si Dios fuera nuestro Padre y no el de otras personas y pueblos[11]. El adjetivo «nuestro» no expresa una idea de pertenencia u oposición de Jesús a los escribas y fariseos, sino que apunta a una relación totalmente nueva con el Padre y destaca la sensibilidad comunitaria y eclesial del evangelio de Mateo. El término «nuestro» revela que Dios es el Padre de toda la humanidad, el único creador «de todas las cosas visibles e invisibles»[12]. La expresión «Padre nuestro» apunta a los hermanos, es decir, a la

---

17). En otra perspectiva, no menos «pesimista», situamos la posición de algunos psicoanalistas. Afirman que, detrás de la idea de entender a Dios como Padre, está la fragilidad y la impotencia del ser humano. Observan que el niño quiere ser como el padre. Su padre es su ideal, en el que desarrolla un gran interés, hasta el punto de querer ser como él y sustituirlo en todo. En este sentido, Dios sería solo un padre que compensa las necesidades de sus hijos, que cura sus heridas y proporciona las condiciones para su crecimiento (cf R. QUAGLIA, *Il Padre nostro, tra psicologia e spiritualità*, Marcianum Press, Venecia 2018, 9-14).

[11] Cf *Catecismo de la Iglesia católica*, n. 2786.

[12] Mateo señala que en esta tierra no debemos llamar padre a nadie, porque solo tenemos un Padre: el Padre celestial (cf Mt 23,9).

comunidad humana entendida como la gran familia de Dios. Incluso cuando oramos solos, estamos en sintonía con toda la comunidad del pueblo de Dios. El término «nuestro» alcanza cada una de las siete peticiones de oración y no puede entenderse como un simple «Padre de todos». No es lo mismo rezar el Padrenuestro que decir «Padre de todos». El término «todos» indica universalidad, mientras que «nuestro» designa el aspecto colectivo, nos hace familia, marca la fraternidad y el vínculo de amor con los hermanos y hermanas. En el Padrenuestro tenemos la experiencia de la reciprocidad: «Yo seré su Dios, y él será mi hijo» (Ap 21,7).

La cercanía del Padre

Después de la invocación inicial del Padrenuestro, sigue una afirmación aparentemente de lugar: «que estás en el cielo». El sustantivo «cielo» siempre aparece en plural[13] para señalar la trascendencia de Dios que reina en los cielos y sobre todo

---

[13] En español, en la oración del Padrenuestro, decimos: «Padre nuestro, que estás en el cielo», en singular, obviamente sin menoscabo de la trascendencia y de la universalidad de Dios que se enfatiza en otras lenguas utilizando el plural, como es el caso del portugués y del italiano (NdT).

el mundo. Con esta metáfora, que ciertamente no fue pronunciada por los labios del Jesús histórico y que está ausente en la versión de Lucas, el evangelista Mateo no quiere señalar el lugar de residencia del Padre, y mucho menos alejarlo de nosotros[14]. Mateo apunta a la trascendencia de Dios: Él es el Padre, el único de condición divina y de calidad infinitamente superior a los padres de la tierra[15]. Al invocar a Dios como «Padre nuestro, que estás en el cielo», Mateo distingue la condición divina (en el cielo) de la humana (en la tierra). De esta manera, el evangelista muestra que Dios domina –de manera amorosa– todo el universo, el cielo y la tierra. En cierto modo, Mateo también critica a los emperadores que se atribuían la realidad divina (cf Dan 3,1ss). San Pablo, escribiendo a la comunidad de Éfeso, confesaba: «Por estas razones doblo mis rodillas ante el Padre, del que toma su nombre toda familia en el cielo y en la tierra» (Ef 3,15).

---

[14] Clément, teólogo ortodoxo, observa que la expresión «en el cielo» indica el carácter inaccesible del Padre (cf O. CLÉMENT-B. STANDAERT, *Pregare il Padre nostro*, Qiqajon, Magnano 1989, 83).

[15] San Ambrosio, meditando esta expresión del Padrenuestro, comenta: «El cielo es el lugar donde cesa la culpa, donde ya no existe la herida de la muerte» (cf A. HAMMAN, *Il Padre nostro letto dai Padri della Chiesa*, Castelvecchi, Roma 2017, 65-66).

El «Padre nuestro, que estás en el cielo» está siempre cerca de cada uno de nosotros (cf Dt 4,7). Él es el Dios invisible, cercano y consciente de las necesidades de sus hijos: «Mirad las aves del cielo; no siembran, ni siegan, ni recogen en graneros, y vuestro Padre celestial las alimenta. ¿No valéis vosotros más que ellas?» (Mt 6,26). El «cielo» designa nuestra patria definitiva, el corazón de los justos, en el que mora Dios. No es una indicación de un lugar, sino que apunta a la majestad de Dios que está siempre cerca de sus hijos[16]. Dios está por encima de todas las cosas y mucho más allá de la realidad sensible. Él es el «totalmente otro» y nosotros somos obra de sus manos, como medita el autor del Génesis[17]. El mundo no es parte de Dios, sino creación del Padre que está en el cielo y en el origen de todo, ya que solo Él puede crear y dar sentido a la vida. En este contexto, recordamos una escena de la vida de san Francisco de Asís, quien, para mostrar

---

[16] Cf *Catecismo de la Iglesia católica,* nn. 2794-2795.

[17] El Génesis presenta dos relatos sobre la creación del mundo y de la humanidad. El primero sigue el esquema de una semana, en el que se dedican seis días a la creación y el séptimo es consagrado por el Creador (Gén 1,1–2,4a). En el segundo relato tenemos la descripción del paraíso, la creación del hombre del barro y su soledad, hasta la creación de la mujer de la costilla de Adán (Gén 2,4b-25).

su entrega total a Dios, se desnudó ante su padre y el obispo, diciendo: «De ahora en adelante, tengo un solo padre y podré decir verdaderamente: Padre nuestro, que estás en el cielo»[18].

El Padrenuestro, en el que Jesús nos presenta una nueva forma de dirigirse a Dios, contrasta con la oración de los escribas y los fariseos que oraban de forma exhibicionista en los lugares públicos. El Maestro enseña a sus discípulos que el «Padre nuestro, que estás en el cielo» ve y escucha la oración ofrecida en el secreto de una habitación cerrada. Por eso todos sabemos que en el cielo no está un ídolo lejano e indiferente, sino el Dios verdadero. Está siempre cerca de cada uno de sus hijos que lo buscan en la oración, ya sea en el calor de una capilla o en el silencio de una habitación cerrada, así como también ve y valora las limosnas dadas de manera discreta (Mt 6,1-6).

---

[18] San Francisco, parafraseando el Padrenuestro y añadiendo otras cosas que llevaba en el corazón, decía: «Oh santísimo Padre nuestro: creador, redentor, salvador y consolador nuestro; que estás en el cielo: en los ángeles y los santos, iluminándolos al conocimiento, porque tú, Señor, eres luz; inflamándolos al amor, porque tú, Señor, eres amor; habitando en ellos y llenándolos de bienaventuranza, porque tú, Señor, eres el bien sumo, eterno, del que procede todo bien, sin el cual no hay ningún bien...» (cf A. HAMMAN, *o.c.*, 87-88).

Mirar al cielo y ver la tierra

Desde Jesús, la relación con Dios pasó del miedo al amor. Él inspira en sus discípulos una confianza filial en el Padre, de quien es muy íntimo. Esta experiencia en el Padre es fuertemente criticada por quienes se resisten a aceptar y reconocer a Jesús como el Hijo primogénito. No se trata de una confianza enajenada en el «Padre nuestro, que estás en el cielo» que lleva a la pasividad o a la indiferencia ante los grandes problemas del mundo. La verdadera confianza en el Padre nos lleva a luchar por la justicia y a dar la vida por la causa del reino de Dios en la historia.

Entendemos y aceptamos la fe y el amor incondicional al Padre que está en el cielo como dones que dan sabor a la búsqueda de un mundo mejor. El Padre nos llama a luchar por la liberación, a vencer toda injusticia y a alcanzar la vida nueva en Cristo. No podemos olvidar que el Padre que está en el cielo es el mismo que escuchó el clamor del pueblo hebreo y lo libró de Egipto por la mediación de Moisés. Y, en la plenitud de los tiempos, envió a su Hijo, «nacido de mujer», que se entregó a sí mismo para salvar al mundo y llevarnos a la casa del Padre (cf Éx 2,24; 3,7-12; Jn 3,16; 14,2; He 3,12-16; Rom 8,9-11; Gál 4,4-7; Flp 2,5-11).

En el imaginario popular, el cielo es el lugar de Dios. Es el lugar donde estamos llamados, es nuestra vocación y destino: el corazón del Padre. Levantar los ojos «al cielo» no significa alejarnos de las realidades terrenas y buscar a un Dios que habita en una lejana galaxia, sino reconocer que, aunque en esta tierra tengamos padres diferentes, todos tenemos el mismo origen en aquel que es la fuente de toda paternidad, el único Padre: el Padre nuestro[19].

En los evangelios vemos a Jesús levantando los ojos al cielo cada vez que se dirige al Padre (cf Mc 6,41; Lc 18,13; Jn 17,1; He 7,55). Los judíos normalmente miran hacia el templo de Jerusalén, pero el gesto habitual de Jesús de mirar hacia arriba demuestra su intimidad con el Padre, que está en el cielo. Este gesto aparece en la liturgia cristiana y nos recuerda que somos «ciudadanos del cielo» (cf Flp 3,20). En el bautismo recibimos la adopción divina, somos insertos en el «Cuerpo Místico de Cristo» y en el Espíritu de Jesús, y podemos llamar a Dios Padre (cf 1Cor 6,12-27; Rom 8,15-17). Jus-

---

[19] Cf BENEDICTO XVI, *o.c.*, 176.

to después de presentar el Padrenuestro, Mateo nos recuerda otra enseñanza de Jesús: «No atesoréis en la tierra, donde la polilla y el orín corroen y donde los ladrones socavan y roban. Atesorad, más bien, en el cielo... Donde está tu tesoro, allí está también tu corazón» (Mt 6,19-21).

3
El nombre de Dios

Santificado sea tu nombre.
(Mt 6,9c)

Después de la invocación inicial del Padrenuestro
–«Padre nuestro, que estás en el cielo»–, tenemos
la primera de las siete peticiones que apuntan a la
santidad de Dios. En la Biblia, Dios es sobre todo el
Santo. La santidad es la principal característica del
Dios de Israel. Es el único santo de la Sagrada Escritura, y Jesús nos invita a pedir la santificación de su
nombre. Jesús mismo se dirige a Dios llamándolo
«Padre santo» (cf Jn 17,11). En el evangelio, hasta los demonios reconocerán a Jesús: «Se puso a
gritar: "¿Qué tenemos que ver contigo, Jesús Nazareno? ¿Has venido a perdernos? Sé quién eres: ¡El
santo de Dios!"» (Mc 1,24).

En el Antiguo Testamento, Dios se presenta como el Santo. El profeta Isaías lo aclama tres veces: santo, santo, santo (cf Lev 11,45; 19,2; Is 6,3). En realidad, tenemos varios nombres o formas que indican la presencia de Dios entre el pueblo de Israel. Se le llama «Dios de Abrahán, de Isaac y de Jacob», Dios Todopoderoso, el Santo de Israel, Dios de los ejércitos... (cf Gén 17,1; Éx 3,3-6.13-14; Is 12,4; Sal 7,18; 28,1). Pero solo a Moisés le presenta Dios su santo nombre: «Yo soy».

En el Éxodo, en el episodio de la zarza ardiente, Dios revela su nombre: «Moisés dijo a Dios: "Bien, yo me presentaré a los israelitas y les diré: El Dios de nuestros padres me ha enviado a vosotros. Pero si ellos me preguntan: ¿Cuál es su nombre?, ¿qué les responderé?". Dios dijo a Moisés: "Yo soy el que soy. Así responderás a los israelitas: *Yo soy* me ha enviado a vosotros"» (Éx 3,13-14). El nombre de Dios dicho a Moisés no es una revelación filosófica, sino que muestra su presencia y actividad entre el pueblo. En esta revelación del nombre divino –«Yo soy»–, Dios no muestra su identidad profunda, ni tampoco se hace visible a Moisés.

En una realidad politeísta, marcada por el culto a tantos dioses, es natural que Moisés le preguntara a

Dios cuál era su nombre. Pero la respuesta de Dios es sorprendente. Él respondió: «Yo soy». Dios le presenta a Moisés un nombre que no es un nombre. De esta manera, Moisés puede establecer una relación con Dios, llamarlo por su santo nombre, pero permanece el misterio de su identidad, que el nombre «Yo soy» no revela. Sin embargo, la expresión «Yo soy» apunta a la presencia, la cercanía de Dios y su fidelidad al pueblo.

En el evangelio de Lucas encontramos el tema del nombre santo de Dios en labios de María, en el cántico del *Magníficat:* «Santo es su nombre»[1]. Lucas aplica la santidad de Dios a Jesús ya en la escena de la Anunciación. El ángel Gabriel le dijo a María: «El niño que nacerá será santo y se le llamará Hijo de Dios» (Lc 1,35.49). En el evangelio de Juan, vemos a Jesús pronunciar varias veces la expresión «Yo soy» y revelar los rasgos de su origen divino, identidad y misión[2]. Se presenta con el

---

[1] Véase nuestra reflexión sobre el nombre santo de Dios pronunciado por María al cantar el *Magníficat* (cf G. L. Maia, *Nos passos de Maria de Nazaré, visitação de Nossa Senhora a Isabel e o cântico do Magníficat,* Fontenele, São Paulo 2019, 51-73).

[2] «Yo soy el pan de la vida» (Jn 6,35.48.51); «Yo soy la luz del mundo» (Jn 8,12); «Si no creyereis que "yo soy el que soy", moriréis en vuestros pecados» (Jn 8,24); «Os aseguro que antes de que naciera Abrahán existo yo» (Jn 8,58); «Yo soy la puerta de las ovejas» (Jn

mismo nombre que Dios le reveló a Moisés en el Éxodo. Así, el autor del cuarto evangelio muestra a Jesús en el mismo plano que el Padre e invita a la comunidad a tener la misma actitud de escucha y apertura, como la tuvo Moisés ante la zarza ardiente que no se consumía (cf Éx 3,1-6). En la oración sacerdotal, Jesús ora: «He manifestado tu nombre a los hombres que escogiste del mundo y me los confiaste; tuyos eran, y tú me los confiaste; y ellos han guardado tu doctrina» (Jn 17,6).

Dios no cabe en las palabras

El nombre es una modalidad que usamos para designar el ser, la identidad de las cosas y también de las personas. En el libro del Génesis vemos a Adán nombrando las diferentes especies de animales creados por Dios (cf Gén 2,19-20). En la realidad humana, suelen ser los padres quienes eligen el

10,7); «Yo soy el Buen Pastor» (Jn 10,11); «Yo soy la resurrección y la vida» (Jn 11,25); «Os lo digo ahora antes de que suceda, para que cuando suceda creáis que yo soy el que soy» (Jn 13,19); «Yo soy el camino, la verdad y la vida» (Jn 14,6); «Yo soy la vid verdadera» (Jn 15,1). Todos estos pasajes recuerdan al del profeta Isaías: «Yo, yo soy el Señor; fuera de mí no hay salvador... Yo soy Dios; desde la eternidad lo soy...» (Is 43,11-13).

nombre para sus hijos. En el caso de Dios, el hombre es incapaz de darle un nombre que señale su identidad, que revele lo que Dios es, la esencia de su ser[3]. La realidad divina supera nuestra capacidad de comprensión y nos sitúa ante el misterio de Dios, que se acerca a nosotros, nos ama y se relaciona con nosotros, pero permanece totalmente «Otro».

En el famoso relato de la lucha de Jacob con el ángel, el autor del Génesis plantea una pregunta que no tiene respuesta: «Por favor, ¿cómo te llamas? Él respondió: "¿Por qué quieres saber cómo me llamo?". Y allí mismo le bendijo» (Gén 32,30). En la experiencia humana, cuando revelamos nuestro nombre a alguien, establecemos una relación fraternal. Incluso tenemos una hermosa expresión que decimos, cuando pronunciamos nuestros nombres, en el momento de presentarnos: «Encantado de conocerte». La revelación del nombre manifiesta este deseo de cercanía, de crear una relación de amistad y confianza[4]. Al re-

---

[3] La santidad de Dios no es un atributo moral, sino que indica y califica su propio ser (cf U. VANNI, *Il Padre Nostro I*, Civiltà Cattolica III, Roma 1993, 345).

[4] «El nombre evoca la presencia. Es un sello de eternidad [...], un diamante de mil caras donde cada una responde a una cosa, una cara, una situación...» (cf O. CLÉMENT-B. STANDAERT, *Pregare il Padre nostro*, Qiqajon, Magnano 1989, 90-91).

63

velar su santo nombre a Moisés, Dios manifiesta su deseo de establecer una relación con nosotros. Se acerca, se pone en contacto, habla y revela su nombre a Moisés, quien pronto será enviado al faraón con la misión de liberar al pueblo de Egipto, «la casa de la esclavitud» (cf Éx 13,3). Más tarde, cuando Dios entregue las tablas de la ley a Moisés, habrá un mandamiento en el Decálogo que prohíbe al pueblo pronunciar el nombre santo de Dios en vano (cf Éx 20,7).

Benedicto XVI afirma que Dios, al decir su nombre a Moisés, establece una relación con nosotros. Dios se hizo accesible y ahora podemos invocarlo, llamarlo por su nombre. Por otro lado, observa el papa Benedicto XVI que, al revelar su santo nombre, Dios aceptó el riesgo de que su nombre fuera profanado por nuestros pecados[5].

El Santo por excelencia

La santidad del nombre de Dios no depende de nosotros, porque Él es eternamente santo. Pero Jesús

---

[5] Cf BENEDICTO XVI, *Jesús de Nazaret I. Desde el Bautismo a la Transfiguración*, La esfera de los libros, Madrid 2007, 177-180.

nos sorprende cuando dice que el Santo de Israel es su Padre, nuestro Padre. Y no podemos olvidar que, detrás de la palabra «Padre», está la forma de relacionarnos con Dios. Es una relación filial que nos remite al bautismo recibido «en el nombre del Padre y del Hijo y del Espíritu Santo». Fuimos bautizados y queremos que el santo nombre de Dios sea reconocido y glorificado en todo el mundo. Su santo nombre no puede ser usado de ninguna manera ni profanado por blasfemias humanas. Los pecados nos alejan de Dios y nos llevan por otros caminos, como advierte el profeta Isaías: «Mis pensamientos no son vuestros pensamientos, ni vuestros caminos mis caminos, dice el Señor» (Is 55,8).

Dios, el Santo por excelencia, no puede añadir nada a su perfecta santidad. Él es el Santo. Pero en la oración del Padrenuestro le pedimos que se santifique mostrando su gloria y manifestándose tal como es. Solo Dios puede santificar su nombre y santificar a su pueblo: «Santificaré mi gran nombre, profanado entre las naciones, deshonrado por vosotros en medio de ellas, y sabrán las naciones que yo soy el Señor –dice el Señor Dios– cuando me glorifique en vosotros a la vista de ellos» (Ez 36,23).

El participio del verbo «santificar» indica el respeto debido a Dios, manifiesta su papel, además de ser una forma sabia de evitar pronunciar su santo nombre, que no debe ser profanado. Este participio teológico –«santificado»– apunta a nuestra responsabilidad de santificar el santo nombre de Dios a través de la vivencia de la fe y las buenas obras[6]. El salmista oraba así: «Anunciaré tu nombre a mis hermanos, en plena asamblea te alabaré» (Sal 22,23). Los rabinos también recordaron al pueblo de Israel que la santificación del nombre de Dios se realiza a través de una vida guiada por la ley que recibió Moisés en el Sinaí.

Además de una vida piadosa, Jesús nos enseña a pedir a Dios que santifique su nombre y manifieste su gloria[7]. En el evangelio, Jesús ora: «"Padre, glo-

---

[6] Rubem Alves, meditando este pasaje del Padrenuestro, escribe: «Nombres: los pronunciamos en lugar de la cosa, como si fueran imágenes, copias, criaturas del reverso de los espejos. Me miro. Veo mi imagen, dentro del vidrio liso. En todo igual que yo… extiendo la mano para tocarme. Pero choco con mi propio dedo. Parece que mi reflejo tuvo la misma idea y también quería, desde dentro del espejo, tocarme a mí, desde fuera. Ahí están los reflejos» (cf R. ALVES, *Pai-Nosso, meditações*, Paulinas, São Paulo 1987, 37).

[7] El cardenal Martini consideraba un poco extraña la formulación con el verbo «santificar» y preferiría el verbo «glorificar» (cf C. M. MARTINI, *Il Padre nostro, non sprecate parole*, San Paolo, Milán 2016, 70-71).

rifica tu nombre". Entonces dijo una voz del cielo: "Lo he glorificado y lo glorificaré de nuevo"» (Jn 12,28). La vida, las actividades y el ministerio de Jesús son signos de la manifestación de la gloria de Dios y de la santificación de su santo nombre[8]. El Maestro nos enseña a santificar el nombre de Dios. Esto significa exaltarlo, reconocerlo y dar testimonio de su presencia entre nosotros. Jesús vino a enseñarnos a tratar a Dios como Dios, a permitir que Dios sea Dios en nuestras vidas: «Yo les he dado a conocer tu nombre y se lo seguiré dando a conocer, para que el amor que tú me tienes esté en ellos y yo también esté con ellos» (Jn 17,26). En Jesús, el santo nombre de Dios se nos revela como Salvador, por su Palabra y por su sacrificio[9]. En él, afirma Pablo a los filipenses, Dios da el nombre que está sobre todo nombre: «Por eso Dios le exaltó sobremanera y le otorgó un nombre que está sobre cualquier otro nombre» (Flp 2,9).

---

[8] El Padrenuestro tiene sus raíces en el judaísmo y se puede comparar con la oración *Shemá,* conocida como la «oración de las dieciocho bendiciones», y también con una antigua oración llamada *Qaddish.* Así oran los judíos: «Sea glorificado y santificado tu gran nombre [...] según su voluntad [...]. Tú eres santo y tu nombre es santo. Santificaremos tu nombre en el mundo, como es santificado en el alto de los cielos».

[9] Cf *Catecismo de la Iglesia católica,* n. 2812.

Tertuliano explicó que la expresión «santificado sea tu nombre» no es una petición que hacemos al Santo para que se santifique a sí mismo, sino una súplica en la que pedimos que «sea santificado en nosotros tu santo nombre»[10]. Es Dios, el Santo, que en su misericordia nos santifica, nos transforma... Por nuestra parte, debemos dar testimonio de su amor y ser signo de la santidad de Dios en medio del mundo[11]. Él es el Santo y quiere que nuestra vida sea un reflejo de su santidad. Jesús dijo a sus discípulos: «Brille de tal modo vuestra luz delante de los hombres que vean vuestras obras buenas y glorifiquen a vuestro Padre, que está en los cielos» (Mt 5,16).

San Francisco de Asís, en su paráfrasis del Padrenuestro, recuerda una expresión de la Carta de san Pablo a los efesios (cf Ef 3,18). El santo de Asís oraba así: «Santificado sea tu nombre: Que el conocimiento de ti se clarifique más en nosotros, para que

---

[10] Cf A. HAMMAN, *Il Padre nostro letto dai Padri della Chiesa*, Castelvecchi, Roma 2017, 9.

[11] Todos están llamados a la santidad. Si en el Sermón de la Montaña Jesús nos dice: «Sed perfectos, como vuestro Padre celestial es perfecto» (Mt 5,48), en el Levítico encontramos una frase en la que Dios llama a sus hijos a la santidad: «Santificaos y sed santos, porque yo soy el Señor, vuestro Dios» (Lev 20,7).

podamos conocer la amplitud de tus beneficios, la grandeza de tus promesas, la altura de tu majestad y la profundidad de tus juicios»[12].

Juramos lealtad, pero Dios es el único fiel que cumple plenamente su parte del pacto. Los profetas denunciaron nuestras infidelidades y anunciaron la llegada del Mesías. El Padre nos envió a Jesús, su Hijo unigénito, para salvarnos. Se hizo carne en el seno de la Virgen María y nos reveló el nombre nuevo de Dios: el Padre, nuestro Padre. En las aguas del bautismo somos santificados y llamados a la santidad[13]. Es por la infusión del Espíritu Santo en el bautismo que nos hacemos santos y santificados (cf Rom 1,4). Pero todos los días, observa san Agustín, necesitamos pedir al Padre que nos purifique y nos ayude a perseverar en la santidad, para que su santo nombre nunca sea despreciado[14].

Santificamos el nombre de Dios no solo cuando repetimos «Señor, Señor», sino cuando somos testigos de su amor, incluso en los momentos de

---

[12] SAN FRANCISCO DE ASÍS, *Fonti Francescane I, Commento al Pater Noster*, Asís 1977, 180.

[13] Ulrich señala que san Gregorio de Nisa ya consideraba el Padrenuestro como una iniciación a la oración y una introducción a la vida santa (cf L. ULRICH, *Matteo 1*, Paidea, Brescia 2006, 499).

[14] Cf A. HAMMAN, *o.c.*, 75-76.

sufrimiento, de calvario y de cruz. Santificar significa exaltar, reconocer y glorificar el santo nombre de Dios. Es amarlo con todo nuestro corazón y con todas nuestras fuerzas (cf Mc 12,30). Significa orar y traducir en la vida cotidiana las palabras que pronunciamos en el himno de alabanza en la celebración litúrgica: «Porque solo tú eres Santo, solo tú Señor, solo tú Altísimo, Jesucristo, con el Espíritu Santo en la gloria de Dios Padre. Amén».

4
El Reino del Padre

Venga a nosotros tu Reino.
(Mt 6,10a)

La segunda petición del Padrenuestro señala la llegada del reino de Dios. El Maestro no crea palabras nuevas, sino que adopta una expresión ya conocida por los judíos para enseñar a los discípulos a pedir al Padre que apresure la llegada del Reino[1]. Creemos que este es el punto central de la Oración del Señor, condensando todas las demás peticiones del Padrenuestro[2]. La petición «venga a nosotros tu Reino» aparece en el centro del primer bloque del Padrenuestro, entre las otras dos peticiones que también

---

[1] Las primeras peticiones del Padrenuestro no son palabras inventadas por Jesús, sino expresiones ya conocidas y utilizadas en las devociones judías (cf C. MARUCCI, *Il Padre nostro e la sua traduzione,* Civiltà Cattolica, Roma 1996, 338-350).

[2] Según Ledrus, la petición «venga a nosotros tu Reino» está en el centro y condensa todas las demás peticiones del Padrenuestro. Este autor observa que todas las peticiones del Padrenuestro aparecen orgánicamente con su respectivo objeto sublime (cf M. LEDRUS, *Il Padre nostro preghiera evangélica,* Borla, Roma 1981, 15).

apuntan al Padre: «Santificado sea tu Nombre» y «Hágase tu voluntad en la tierra como en el cielo». Hay una relación clara y profunda entre las tres peticiones iniciales del Padrenuestro. Porque, al manifestar el Reino, Dios es «santificado», y así se cumple su voluntad divina.

Hoy se prefiere la expresión «reinado de Dios» a la expresión «reino de Dios» o «reino de los cielos». La forma «reinado de Dios» apunta a la realidad dinámica del señorío de Dios en la historia, mientras que la expresión «reino de Dios» es más estática. En todo caso, las tres formas –«reino de Dios», «reino de los cielos» y «reinado de Dios»– apuntan a la misma realidad[3]. Mateo es el único evangelista que utiliza la expresión «reino de los cielos», por no hablar del nombre de Dios en el ambiente judío en el que se encuentra. De esta forma, evita escandalizar a los judíos y quebrantar el mandamiento de la ley de Moisés: «No tomarás el nombre del Señor, tu Dios, en vano»[4].

---

[3] Algunos autores también adoptan la expresión «dominio de Dios» (cf G. LOHFINK, *Jesus de Nazaré. O que ele queria? Quem ele era?*, Vozes, Petrópolis 2015, 39-81; trad. esp., *Jesús de Nazaret. Qué quiso, quién fue*, Herder, Barcelona 2013).

[4] Cf Éx 20,7. La expresión «reino de los cielos» la encontramos en: Mt 3,2; 4,17; 5,3.10.19.20; 7,21; 8,11; 10,7; 11,11.12;

«Venga a nosotros tu Reino» es una petición que señala la dirección del futuro, la dimensión escatológica del Reino, cuando Dios manifestará definitivamente su majestad. San Pablo, dirigiéndose a la comunidad de Corinto, señala la meta escatológica del Reino, cuando Cristo entregará todo al Padre, para que «Dios sea todo en todos» (1Cor 15,24.28). Pero esta petición muestra también la actividad de Jesús, que ya inauguró el reino de Dios en la historia, y recuerda la misión de la Iglesia llamada, en medio de desafíos y esperanzas, a continuar la obra del Hijo en el mundo.

El Reino es una realidad que ya nos ha sido dada en la persona de Jesús, pero también apunta al futuro aún no realizado. Jesús realizó el Reino en las curaciones, en las predicaciones, en los exorcismos y en su Pascua. El Reino es un don de Dios que baja del cielo y compromete a la Iglesia en su misión en el mundo. Como hijos y miembros de la comunidad de fe, queremos acoger el reino de Dios. En Jesús, el Padre nos da el Reino que es «justicia, paz y gozo en el Espíritu Santo» (Rom 14,17).

13,11.24.31.33.44.45.47.52; 16,19; 18,1.3.4.23; 19,12.14.23.24; 20,1; 22,2; 23,12; 25,1. Mateo también utiliza otras expresiones como: «reino de Dios», «reino del Padre», «reino de Jesús» o, simplemente, «Reino».

El Reino tiene una dimensión escatológica –«todavía no»– que se realizará plenamente en el futuro. Pero el Reino –«ya»– es una realidad presente entre nosotros. Rezamos el Padrenuestro con la esperanza viva de ver el reino de Dios esparcido sobre la tierra. Que el Padre santifique su santo nombre y se presente como rey, y que su realeza llene nuestra historia con el establecimiento de tiempos futuros. Entonces oiremos la voz del Señor: «Venid, benditos de mi Padre, tomad posesión del Reino preparado para vosotros desde el principio del mundo. Porque tuve hambre y me disteis de comer, tuve sed y me disteis de beber, fui emigrante y me acogisteis, estuve desnudo y me vestisteis...» (Mt 25,34-46).

El Mesías, esperanza del pueblo de Israel

El pueblo de Israel pasó del sistema de organización en tribus a la monarquía. El anciano Samuel advirtió al pueblo sobre los riesgos de establecer una monarquía, pero Israel insistió en pedir un rey: «Tú eres ya viejo, y tus hijos no siguen tus caminos. Danos un rey para que nos gobierne, como tienen todas las naciones» (1Sam 8,5). Así comenzó la ruina de Israel ante una monarquía cada vez más alejada de Dios y de la ley dada a Moisés. Los reyes de Israel llevaron al pueblo de Dios a una gran desilusión (cf Jue 9,7-15). Poco a poco nació en el corazón de los israelitas la fe en el Mesías –el Cristo–, el ungido de Dios que haría de este pueblo una gran nación a los ojos del Señor. En este largo proceso, destacamos la importancia y el papel de los profetas que criticaron la monarquía y sus reyes y despertaron la esperanza en el Mesías, que instaurará un reino de justicia y paz, signo de la soberanía de Dios.

Los profetas anunciaron el reino de Dios como una realidad futura, pero Jesús comienza su predicación invitando a la conversión y afirmando la proximidad del Reino: «Convertíos, porque está cerca el reino de Dios» (Mt 3,2). «Jesús recorría toda Galilea... recorría ciudades y aldeas, enseñando en sus sinagogas, predicando el evangelio del reino» (Mt 4,23; 9,35). En él se realiza la buena noticia que el pueblo de Dios esperaba con tanta esperanza. Jesús comenzó en Galilea a anunciar la llegada del Reino y pronto llamó a los primeros discípulos junto al lago (cf Mc 1,14-20). Jesús es el reino de Dios. En él el Reino es una realidad que se identifica plenamente con su persona. Donde está

Jesús, el reino de Dios está presente. El mismo Juan Bautista envió a sus discípulos a preguntarle a Jesús: «"¿Eres tú el que ha de venir o tenemos que esperar a otro?". Jesús les respondió: "Id y contad a Juan lo que habéis visto y oído: los ciegos ven, los cojos andan, los leprosos quedan limpios, los sordos oyen..."» (Mt 11,2-6).

El reino de Dios es el corazón del mensaje de Jesús. Israel mantuvo viva la esperanza de la llegada del Mesías enviado por Dios para restaurar su reinado en la historia. El Reino no puede reducirse a una dimensión sociopolítica dentro de la sociedad, ni confundirse con la Iglesia misionera llamada a trabajar por el reino de Dios en el mundo[5]. Tampoco podemos simplemente identificarlo con el pa-

---

[5] En la Constitución *Lumen gentium* sobre la Iglesia del Concilio Vaticano II, leemos: «El Señor Jesús comenzó su Iglesia con el anuncio de la Buena Noticia, es decir, de la llegada del reino de Dios prometido desde hacía siglos en las Escrituras [...]. Este Reino se manifiesta a los hombres en las palabras, en las obras y en la presencia de Cristo [...]. Pero, ante todo, el Reino se manifiesta en la propia persona de Cristo, Hijo de Dios e Hijo del hombre, que vino "a servir y a dar su vida en rescate por muchos". [...] La Iglesia, enriquecida con los dones de su Fundador y guardando fielmente sus mandamientos del amor, la humildad y la renuncia, recibe la misión de anunciar y establecer en todos los pueblos el reino de Cristo y de Dios. Ella constituye el germen y el comienzo de este Reino en la tierra. Mientras va creciendo poco a poco, anhela la plena realización del Reino y espera y desea con todas sus fuerzas reunirse con su rey en la gloria. [...] La Iglesia es *labranza* o campo

raíso aún lejano. Cuando oramos por la venida del Reino, reconocemos que no es un logro del esfuerzo humano, sino un don y una misión. El reinado de Dios se manifiesta en la fraternidad de sus hijos y en la victoria sobre el egoísmo y la injusticia. Por supuesto, el reino de Dios no puede reducirse a las realidades de este mundo ni a la utopía de una sociedad igualitaria, sin clases[6]. Jesús mismo dijo que su Reino no es de este mundo (cf Jn 18,36). Él es el Señor del cielo y de la tierra, el Rey que nos enseña a lavarnos los pies los unos a los otros y que, por amor, se entregó en la cruz. Es el Hijo primogénito quien nos guía: «Buscad primero el reino de Dios y su justicia, y todo eso se os dará por añadidura» (Mt 6,33).

Acoger, sembrar y esperar el Reino

En el Padrenuestro encontramos varios temas que se funden y se iluminan unos a otros, como el Rei-

---

de Dios... Muchas veces a la Iglesia también se la llama *construcción* de Dios...» (cf LG 5-6).

[6] Cf BENEDICTO XVI, *Jesús de Nazaret I. Desde el Bautismo a la Transfiguración*, La esfera de los libros, Madrid 2007, 180.

no y la paternidad de Dios. El Reino pertenece al Padre y, después de pedirle que santifique su santo nombre, le imploramos que manifieste su realeza universal cuando «los justos resplandezcan como el sol» (Mt 13,43). Al pedir la venida del Reino, asumimos un proceso de conversión que se traduce en nuestra búsqueda incansable y constante de adhesión al mensaje y a la persona de Jesús. Es una conversión continua, en la que estamos llamados a discernir la voluntad del Padre que está en el cielo. En la práctica, significa renunciar a todos los poderes y formas de gobierno de los hombres para entrar en la lógica del reino de Dios:

> Sabéis que los jefes de las naciones las tiranizan y que los grandes las oprimen con su poderío. Entre vosotros no debe ser así, sino que, si alguno de vosotros quiere ser grande, que sea vuestro servidor; y el que de vosotros quiera ser el primero, que sea el servidor de todos; de la misma manera que el hijo del hombre no ha venido a ser servido, sino a servir y a dar su vida por la liberación de todos (Mt 20,25-28).

Jesús predicaba y se identificaba plenamente con el Reino. «El Reino es Jesús, es su vida, su manera de vivir, de amar...»[7]. Pero en ningún momento Jesús presentó un concepto o una definición del Reino[8]. A menudo usaba metáforas y contaba parábolas para explicarlo. Jesús comparó el Reino con la semilla sembrada en la tierra, con la levadura que hace crecer la masa, con el tesoro escondido en el campo o con una perla preciosa, como una red echada al mar, etc. (Mc 4,30; Mt 13,33.44-52). Muchas de estas metáforas muestran que el reino de Dios es todavía un pequeño «grano de mostaza» que necesita crecer y convertirse en un gran árbol capaz de cobijar en sus ramas a las aves del cielo (cf Mt 13,31-32). Es un Reino que al final de los tiempos se manifestará en su plenitud, pero, en el presente, hay que buscarlo en la vida cotidiana, a partir de la vivencia del mandamiento nuevo. El reino de los cielos no llegará en su plenitud por el mérito de nuestras buenas obras, sino por el poder de Dios: «Enjugará las lágrimas de sus ojos y no habrá más muerte, ni luto, ni llanto, ni pena, porque el primer

---

[7] Cf C. M. Martini, *Il Padre nostro, non sprecate parole*, San Paolo, Milán 2016, 170.

[8] La palabra «reino» aparece 99 veces en los evangelios sinópticos, de las cuales 90 son pronunciadas por Jesús, que en ningún momento presenta una definición del Reino (cf B. Maggioni, *Padre nostro*, Vita e Pensiero, Milán 2019, 52).

mundo ha desaparecido» (Ap 21,4). No es un proceso que se desarrolla gradualmente a lo largo de la historia, sino un acontecimiento único y decisivo que exige de nosotros una profunda conversión.

El Padrenuestro es una oración exigente y comprometida. Si observamos las parábolas que narra Jesús para explicar el reino de Dios que pedimos en la oración, percibiremos claramente nuestro papel y el alcance de la misión. A nosotros nos toca sembrar el Reino, esperar con esperanza el milagro de la semilla que madura en silencio y luego recoger sus frutos (cf Mc 4,26-29). Seguimos adelante con la confianza y la fe de los sembradores del Reino, en la búsqueda incansable de la conversión, para que Dios reine realmente en nosotros[9]. San Pablo ya llamó la atención de la comunidad sobre la urgencia de la conversión y la necesidad de abandonar el «reino del pecado» para acoger el reino de Dios (cf Rom 6,12). Este no llegará por la fuerza humana, como pretendía el grupo de los zelotas y sicarios, sino que es el don que los discípulos de Jesús

---

[9] Cf Orígenes de Alejandría, teólogo de la Iglesia griega (185-253), nos recuerda que «el reino del pecado es irreconciliable con el reino de Dios» (cf A. HAMMAN, *Il Padre nostro letto dai Padri della Chiesa*, Castelvecchi, Roma 2017, 35).

aprendieron a pedir en la oración y a esperar con mansedumbre[10].

Está claro que hay una tensión entre el «ya» y el «todavía no» del Reino. En el tiempo presente se buscan los valores del Reino en medio de conflictos y contradicciones, y se espera también el futuro de su plena realización, que es el «todavía no»: «El mundo entero recordará al Señor y al Señor volverá [...], pues solo del Señor es el imperio, él es el Señor de las naciones» (Sal 22,28-29). Pero aprendemos de Jesús a confiar en el Padre incluso en situaciones de crisis y conflicto. El Espíritu Santo enciende en nosotros el deseo de hacer su voluntad y acoger el reino de Dios. Si oramos es porque tenemos fe, caminamos con confianza en Dios que quiere salvarnos, nunca nos abandona y nos invita a construir y habitar en el Reino. El Reino es la vida de Dios en nosotros.

En este camino de conversión y rezando el Padrenuestro –«Venga a nosotros tu Reino»–, recordamos las palabras esperanzadoras del Apocalipsis

---

[10] De los varios grupos y movimientos en tiempos de Jesús, los zelotas y los sicarios destacaban por su comportamiento agresivo y revolucionario, en la esperanza de anticipar la llegada del reino de Dios (cf B. MAGGIONI, *o.c.*, 49).

que suenan como una declaración de amor al final del Nuevo Testamento: *Maranatha*, «¡Ven, Señor Jesús!» (Ap 22,20)[11]. Orando por la venida del Reino, cultivamos la esperanza y el sueño que ya latía en el corazón del profeta Isaías: «La justicia será el ceñidor de su cintura; la lealtad, el cinturón de sus caderas. El lobo habitará con el cordero, el leopardo se acostará junto al cabrito [...]. El niño de pecho jugará junto al agujero de la víbora; en la guarida del áspid meterá su mano el destetado...» (Is 11,5-9). Recordamos también la oración y la poesía de un conocido seguidor de Jesús que entregó su vida por la causa del evangelio:

Nunca te canses del Reino.
Nunca te canses de hablar del Reino.
Nunca te canses de hacer el Reino.
Nunca te canses de «sembrar» el Reino.
Nunca te canses de esperar el Reino[12].

---

[11] Cf *Catecismo de la Iglesia católica*, n. 2817.

[12] Poema de Mons. Pedro Casaldáliga Pla, CMF (1928-2020), Obispo de la Prelatura de São Félix do Araguaia, en Mato Grosso (Brasil).

5
La voluntad del Padre

Hágase tu voluntad
en la tierra como en el cielo.
(Mt 10,b)

La tercera petición del Padrenuestro –«Hágase tu voluntad en la tierra como en el cielo»– reafirma la petición anterior de que venga el reino de Dios y se cumpla la salvación de la humanidad. Es un llamamiento a Dios para que cumpla su voluntad de salvar a todos y que ninguno de sus hijos se pierda (cf Mt 18,14). En Jesús, el Padre quiere salvar a todos, porque el Hijo vino para cumplir la voluntad del Padre. Bajó del cielo para cumplir la voluntad de quien lo envió y hacer lo que agrada a Dios, lo que el Padre le ordenó (cf Mt 18,14). Jesús declaró: «Mi alimento es hacer la voluntad del que me envió y completar su obra» (Jn 4,34). Pero, además de esta voluntad trascendental, el Padre tiene también una voluntad que nos alcanza a través de la vivencia de los mandamientos sintetizados en el amor a Dios y al prójimo[1].

La petición por el cumplimiento de la voluntad de Dios no aparece en la versión del Padrenuestro de Lucas. Nos preguntamos por el motivo de tal ausencia, ya que tal petición corresponde plenamente al deseo de Jesús, que vino a cumplir la voluntad del Padre y a consumar su obra. No tiene sentido imaginar que estemos ante una supresión de Lucas. La originalidad de este evangelista radica en la omisión que manifiesta su profundidad[2]. Lucas, como Pablo, ve la voluntad de Dios como un movimiento del Espíritu Santo sobre cada uno de nosotros. Es el Espíritu el que nos mueve a cumplir la voluntad del Padre en la vida de cada día. Depende de nosotros permanecer abiertos al Espíritu Santo, que nos guía en el cumplimiento de la voluntad divina que discernimos en nuestro caminar diario.

La expresión «voluntad de Dios» aparece seis veces en el evangelio de Mateo, una en el texto de

---

[1] Cf *Catecismo de la Iglesia católica*, n. 2822.
[2] Cf U. Vanni, *Il Padre nostro II*, Civiltà Cattolica, III, Roma 1993, 478.

Marcos y cuatro veces en Lucas[3]. Orígenes decía que cuando se hace la voluntad de Dios en la tierra, la tierra deja de ser tierra y se convierte en cielo[4]. Es importante señalar que la voluntad del Padre se realiza a través de su iniciativa y de nuestra libre adhesión al proyecto del Reino anunciado por Jesús. Dios tiene una voluntad con nosotros y para nosotros que, cuando se cumple, nos lleva a la realidad del cielo: «Donde se hace la voluntad de Dios, allí está el cielo»[5]. No es una petición o una simple oración de resignación, sino algo que nos compromete a acoger el mensaje de Jesús para que el Reino acontezca en nosotros. Es llevar en el corazón las bienaventuranzas del Sermón de la Montaña: «Dichosos los pobres de espíritu, porque de ellos es el reino de Dios...» (Mt 5,1-12). El Padre nos eligió antes de crear el mundo para que pudiéramos experimentar el mandamiento nuevo que nos hace «santos e irreprochables a sus ojos... conforme al beneplácito de su voluntad» (Ef 1,4-5).

---

[3] Cf S. FAUSTI, *Uma comunità legge il vangelo di Matteo,* Dehoniano, Milán 2016, 101.

[4] Cf A. HAMMAN, *Il Padre nostro letto dai Padri della Chiesa,* Castelvecchi, Roma 2017, 37.

[5] Cf BENEDICTO XVI, *Jesús de Nazaret I. Desde el Bautismo a la Transfiguración,* La esfera de los libros, Madrid 2007, 182-183.

La voluntad de Dios condensada en Jesús no es algo que debamos buscar o tratar de descubrir. En efecto, el Padre nos da la gracia de querer y hacer lo que le agrada, y espera que podamos acoger la persona de Jesús (cf Flp 2,13). Él, el Hijo, nos invita a participar en su familia: «El que hace la voluntad de mi Padre celestial, ese es mi hermano, mi hermana y mi madre» (Mt 12,50). Por nuestra parte, queremos y nos esforzamos por cumplir la voluntad del Padre, que su santidad sea reconocida por todos y que el don del Reino llegue definitivamente a nosotros.

Hasta las últimas consecuencias

Jesús nos enseña a cumplir la voluntad del Padre hasta las últimas consecuencias. Incluso en los momentos difíciles, se abandona con fe en las manos del Padre: «Padre mío, si es posible, que pase de mí este cáliz; pero no sea lo que yo quiero, sino lo que quieres tú [...]. Padre mío, si no es posible que este cáliz pase sin que yo lo beba, hágase tu voluntad» (Mt 26,39-42). No oramos para cambiar la voluntad de Dios, que es perfecta e inmutable. La oración no es para cambiar a Dios, sino para cambiar a la persona que ora. Cuando acogemos y cumplimos la voluntad del Padre, como Jesús en Getsemaní, las palabras de nuestras oraciones enmudecen y nos convertimos en oración viva. Oramos y nos encomendamos con confianza filial en las manos del Padre. Él cuenta con nosotros, somos sus colaboradores, como recuerda san Pablo a las comunidades (cf 1Cor 3,9; 2Cor 6,1). En este contexto, miramos a la joven María de Nazaret, que acogió generosamente la voluntad del Señor con un «sí» valiente y decidido. Su respuesta confiada en Dios cambió radicalmente su vida y la historia de su pueblo. Es modelo de persona orante –oración viva– que acoge la propuesta del Padre, se define como «esclava» del Señor y realiza su voluntad[6].

A veces pensamos que hacer la voluntad del Padre es hacer obras de misericordia, asistir a la iglesia, participar en actividades comunitarias y esforzarse por ser un buen cristiano. Todo esto es importante, pero no significa necesariamente que estemos abiertos a hacer la voluntad del Padre. Su voluntad divina no se reduce al cumplimiento de

---

[6] Cf G. L. Maia, *Nos passos de Maria de Nazaré, visitação de Nossa Senhora a Isabel e o cântico do Magnificat*, Fontenele, São Paulo (Brasil) 2019, 27.

ciertas normas o a la práctica de buenas obras. No podemos olvidar que todo lo que Dios desea ya se ha manifestado en la persona, en el mensaje y en la vida de Jesús, el Hijo. El Padre quiere reunir a todos sus hijos en torno a Jesús, que vino a hacer su voluntad (cf Heb 10,9).

Es en la oración que Dios nos revela su voluntad, que no se reduce a transformar las estructuras de este mundo de injusticia en una especie de «paraíso terrenal», sino para experimentar en la vida presente la realidad de la vida futura con el Padre[7]. A través de la oración, podemos discernir la voluntad de Dios y entrar en su Reino[8]. En la oración del Padrenuestro, Jesús nos invita a abrirnos a la acción del Espíritu Santo, que nos ilumina y nos ayuda a cumplir la voluntad de Dios. Las palabras de María vuelven a resonar cuando, en las bodas de Caná, dice a los sirvientes: «Haced lo que él os diga» (Jn 2,5). María nos llama a acoger y realizar la voluntad del Padre revelada en el Hijo.

Estamos llamados a conocer la voluntad del Padre, de lo contrario no experimentaremos su paz.

---

[7] Cf M. LEDRUS, *Il Padre nostro, preghiera evangelica*, Borla, Roma 1981, 94.
[8] Cf *Catecismo de la Iglesia católica*, n. 2826.

Conocer y cumplir la voluntad de Dios es funda-mental para nuestra paz interior, para nuestra ver-dad y para la autenticidad de vida[9]. He aquí la lucha incansable que libramos a lo largo del camino, en la búsqueda de vencer el egoísmo y dedicarnos a construir el Reino y a habitar en él.

Jesús es un hombre libre, tiene sus iniciativas y plena libertad para aceptar o rechazar las alternati-vas que la vida le presenta en el camino. Pero su vo-luntad está en perfecta armonía con la del Padre. El Hijo no busca otra cosa que cumplir plenamente la voluntad del que lo envió. Jesús es totalmente libre y al mismo tiempo sumiso a la voluntad de Dios[10]. Es libre, siempre que tenga voluntad propia y no se someta a la «tradición» de los escribas y fariseos que, entre otras cosas, gustaban de rezar de for-ma exhibicionista en las esquinas y plazas. El Hijo busca cumplir radicalmente la voluntad de Dios y cumplir su obra, siendo obediente hasta la muerte, y muerte de cruz (cf Flp 2,8).

---

[9] Cf C. M. Martini, *Il Padre nostro, non sprecate parole,* San Paolo, Milán 2016, 188.

[10] Sobre el tema de la libertad y de la fidelidad de Jesús cuyo ali-mento era cumplir la voluntad del Padre (cf Jn 4,34), véase G. L. Maia, *A missão dos discípulos: continuar a obra do Verbo encarnado,* en Studi Rogazionisti 50 (julio-diciembre de 1995) 12-75.

Gilson Luiz Maia

Llamados a hacer la voluntad de Dios

En las tres peticiones hechas al Padre: «Santificado sea tu Nombre», «venga a nosotros tu Reino» y «hágase tu voluntad en la tierra como en el cielo», percibimos la presencia de dos aspectos que componen el primer bloque del Padrenuestro. Un aspecto indica la trascendencia de Dios y el otro alcanza a cada uno de nosotros, llamados, desde nuestra libertad, a acoger y cumplir la voluntad del Padre. La voluntad de Jesús –que es exactamente la misma que la del Padre– es que el reino de Dios se establezca en la tierra. Pero en ningún momento le vemos pidiendo a sus discípulos que adopten una actitud de sumisión ciega a la voluntad del Padre, o presentándola como algo fatalista. Por el contrario, el Maestro nos enseña a confiar plenamente en el Padre, que siempre da cosas buenas a los que le piden (cf Mt 7,11). El papa Francisco, en su catequesis sobre el Padrenuestro, nos recuerda que orar diciendo «hágase tu voluntad» no significa que debemos someternos a los reinos de este mundo. El Papa nos enseña que:

No estamos invitados a bajar servilmente la cabeza, como si fuéramos esclavos. ¡No! Dios nos quiere libres; y es su amor el que nos libera. El Padrenuestro es, de hecho, la oración de los hijos, no de los esclavos; sino de los hijos que conocen el corazón de su Padre y están seguros de su plan de amor. ¡Ay de nosotros sí, al pronunciar estas palabras, nos encogiéramos de hombros y nos rindiéramos ante un destino que nos repugna y que no conseguimos cambiar! Al contrario, es una oración llena de ardiente confianza en Dios, que quiere el bien para nosotros, la vida, la salvación. Una oración valiente, incluso combativa, porque en el mundo hay muchas, demasiadas, realidades que no obedecen al plan de Dios[11].

Las tres peticiones iniciales del Padrenuestro son «coronadas» por la expresión final de la primera parte de la oración: «en la tierra como en el cielo». Esta expresión abarca las tres primeras peticiones y manifiesta la universalidad del Padrenuestro. Creemos que esta expresión tiene un acento misionero y se repetirá al final del evangelio de Mateo, cuando Jesús dirá a sus discípulos: «Se me ha dado todo poder en el cielo y en la tierra. Id, pues, y haced discípulos míos en todos los pueblos...» (Mt 28,18-20)[12].

---

[11] Cf Papa Francisco, *Catequesis sobre el Padrenuestro 10*, Audiencia general, Ciudad del Vaticano, 20 de marzo de 2019.

[12] Cf B. Maggioni, *Il Padre nostro*, Vita e Pensiero, Milán 2019, 65.

La oración del Padrenuestro nos lleva al encuentro con Dios y con los hermanos. Al rezar diciendo «hágase tu voluntad», nos vaciamos de nosotros mismos y nos encomendamos, como el Maestro, en las manos del Padre. Superamos la manía de ser autorreferenciales y nos abrimos a la voluntad del Padre, que pasa por el amor a nuestros hermanos, especialmente a los más pequeños y sufrientes. La voluntad del Padre es que ninguno de sus «pequeños» se pierda, sino que todos se inserten en la lógica del Reino anunciado por Jesús (cf Mt 18,14). El Maestro nos enseña que pedir no es querer cambiar la voluntad de Dios, sino ponerse en sintonía con los planes del Padre: «No se haga mi voluntad, sino la tuya» (Lc 22,42). Dios nos conoce y sabe lo que es mejor para cada uno de nosotros y para el bien de todos. Esta es la fe que nos lleva a rezar el Padrenuestro, y esta es la oración que nos pone en el regazo del Padre. Pedimos al Padre, de corazón y a la luz del Espíritu Santo, que se haga su voluntad en la tierra y en el cielo[13]. Tal petición provoca

---

[13] San Cipriano, que consideraba el Padrenuestro como un «compendio de la doctrina celestial», decía: «El cuerpo pertenece a la tierra, el espíritu al cielo. Entonces, somos cielo y tierra y por eso oramos para que nuestro cuerpo y nuestra alma cumplan la voluntad de Dios. Entre la carne y el espíritu hay un conflicto y un choque diario que nunca termina

un cambio en el corazón orante que, con humildad, se abandona a la voluntad de Dios. Abandonamos nuestros deseos, casi siempre limitados y egoístas, para aceptar el proyecto del Padre. Después de todo, en la oración, terminamos escuchando de Dios cuál es su plan y su voluntad. Dios realmente nos escucha. A nosotros nos corresponde acoger y cumplir la voluntad del Padre en la tierra como en el cielo (universal). En el cielo vemos la armonía de las estrellas, que, de alguna manera, señala nuestra armonía con el Padre (Creador/creación). Al respecto, es importante escuchar lo que dice san Pablo: «No os acomodéis a este mundo; al contrario, transformaos y renovad vuestro interior para que sepáis distinguir cuál es la voluntad de Dios: lo bueno, lo que le agrada, lo perfecto» (Rom 12,2).

El reino de Dios –«Señor del cielo y de la tierra»– es ante todo un don del Padre (cf Mt 11,25). Al aceptar la voluntad de Dios, estamos llamados a convertirnos y a dar testimonio del Reino (cf Mt 7,21). Jesús quiere establecer el reino del Padre en la tierra. Anuncia la Buena Noticia del Reino con alegría y esperanza y nos llama a la conversión, a reco-

---

[...]. Debemos pedir con insistencia la ayuda de Dios... que la voluntad de Dios se cumpla en el espíritu y en la carne...» (cf A. HAMMAN, *o.c.*, 19).

rrer los caminos de la verdadera santidad, muy diferentes a los que muestran en las esquinas y plazas los escribas y fariseos (Mt 6,5). Cuando rezamos el Padrenuestro y pedimos que «venga a nosotros tu Reino» y «hágase tu voluntad», estamos implorando: «¡Padre, te necesitamos! ¡Jesús, te necesitamos, tenemos necesidad de ti para que seas el Señor en medio de nosotros en todas partes y para siempre!»[14].

Después de estas consideraciones, comprendemos mejor el sentido y el alcance de la expresión del Padrenuestro «hágase tu voluntad». No se trata de una frase de resignación ante los acontecimientos de la vida cotidiana, como accidentes, enfermedades, catástrofes... Esta petición no es la consigna de personas pasivas y fatalistas, sino que es la manifestación del corazón que, en una actitud esperanzada, eleva al Padre el deseo de una vida plena. La voluntad del Padre es que todos tengan vida, y la tengan en abundancia (cf Jn 10,10). Es como reza el poeta: «Hágase tu voluntad en la tierra como en el cielo. Que las estrellas habiten con los hombres. Que el cielo se "reencuentre" con la tierra...»[15].

---

[14] Papa Francisco, *Catequesis sobre el Padrenuestro 9*, Audiencia general, Ciudad del Vaticano, 6 de marzo de 2019.

[15] Cf R. Alves, *Pai-Nosso, meditações*, Paulinas, São Paulo 1987, 92-94.

He aquí una hermosa oración de un discípulo que se abandonó en las manos del Maestro y buscó cumplir su voluntad:

Oración de abandono

Padre mío,
me abandono a Ti.
Haz de mí lo que quieras.
Lo que hagas de mí te lo agradezco,
estoy dispuesto a todo,
lo acepto todo.
Con tal que Tu voluntad se haga en mí
y en todas tus criaturas,
no deseo nada más, Dios mío.
Pongo mi vida en Tus manos.
Te la doy, Dios mío,
con todo el amor de mi corazón,
porque te amo,
y porque para mí amarte es darme,
entregarme en Tus manos sin medida,
con infinita confianza,
porque *Tú eres mi Padre*.

CARLOS DE FOUCAULD

6
El pan del Reino

Danos hoy nuestro pan de cada día.
(Mt 6,11)

Llegamos a la parte central del Padrenuestro. Esta es la cuarta de las siete peticiones que encontramos en el Padrenuestro, según la versión de Mateo. Si en la primera parte tenemos tres peticiones con un «tú», que comienzan con los verbos que señalan al Padre –«santificado sea tu Nombre», «venga a nosotros tu Reino» y «hágase tu voluntad»–, en la segunda parte tenemos tres peticiones con el «nosotros», que indican la necesidad humana de pan, de perdón, de supcración de las tentaciones y de liberación del mal. En el centro de la oración y conectando las dos partes –«tú»/«nosotros»–, encontramos la petición que apunta a la realidad simbólica del pan[1].

---

[1] Véase el comentario que Giuseppe Crocetti hace en la voz «pan», en G. DE VIRGILIO, *Dizionario Biblico della Vocazione,* Rogate, Roma 2007, 652-657.

El evangelista vuelve a subrayar el aspecto de la colectividad: a nuestro Padre le pedimos nuestro pan. Tal vez Mateo quiera decirnos que solo podemos llamar a Dios «Padre nuestro» cuando el pan también se comparte entre todos. El pan no es solo para mí –«mi pan»– sino que es dado por el Padre a todos los hijos, buenos y malos, con o sin fe en el Dios providente que nos alimenta. De este modo, estamos nuevamente llamados a ser como niños que cuentan con la bondad del Padre y esperan recibir el alimento diario indispensable para la vida (cf Mt 18,3-4). Es una petición humilde que nos recuerda el paso del pueblo por el desierto, hacia la Tierra prometida. Allí también Dios alimentaba a su pueblo día tras día con el maná, que descendía del cielo como don del Libertador (cf Éx 16).

La petición del don del pan tiene algunas variaciones en las versiones de Mateo y Lucas. La expresión de Mateo «danos hoy» indica cierta urgencia y parece pedir pan solo para hoy, para que mañana volvamos a pedirlo nuevamente. Ya en Lucas tenemos un imperativo presente –«danos»– y la ausencia del término «hoy»[2]. Este evangelista utiliza la expresión «pan de cada día», que expresa con-

---

[2] En cuanto a la forma exacta de esta petición del Padrenuestro, verificamos diferentes traducciones que señalan las divergencias y abren

fianza en la divina Providencia, que también nos alimentará mañana, según nuestras necesidades[3]. Al pedir el pan y recibir el don del alimento y la provisión de sus necesidades, los discípulos estarán en condiciones de cumplir la misión de testimoniar y anunciar el reino de Dios, para lo cual, por invitación de Jesús, dejaron la barca y las redes en la playa para ser «pescadores de hombres» (cf Lc 5,10).

El pan es un alimento simbólico y en la Sagrada Escritura es muy significativo. En los evangelios, el pan ocupa un lugar importante y aparece en diferentes momentos de la vida de Jesús. Recordamos, por ejemplo, las tentaciones en el desierto, cuando el diablo le pide a Jesús que convierta las piedras en pan, los milagros de la multiplicación de los panes y, de manera especial, el pan de la Última Cena[4]. El

---

un abanico de interpretaciones. En el texto de la *Vetus Latina* encontramos el término «vida cotidiana». Una versión siríaca lo traduce como «perpetuo» y otra como «necesario». En la Vulgata de san Jerónimo, tenemos una palabra que indica la eucaristía (sustancial). La versión copta trae el término «mañana» en el sentido de trabajar hoy y así garantizar el pan para el día siguiente (cf C. M. Martini, *Il Padre nostro, non sprecate parole,* San Paolo, Milán 2016, 210-211). Véase también las observaciones de otro biblista sobre las dificultades de traducción de esta parte del Padrenuestro (cf C. Marucci, *Il Padre nostro e la sua traduzione,* Civiltà Cattolica, Roma 1996, 346).

[3] Cf B. Maggioni, *Il Padre nostro,* Vita e Pensiero, Milán 2019, 73.

[4] Cf Benedicto XVI, *Jesús de Nazaret I. Desde el Bautismo a la Transfiguración,* La esfera de los libros, Madrid 2007, 191.

pan representa las necesidades básicas del ser humano, es signo de comunión familiar en torno a la mesa, indica compartir y fraternidad.

En el interior de muchas casas, y especialmente en los monasterios, el pan no se parte con cuchillo, sino con las manos humildes y solidarias, que nos recuerdan el gesto litúrgico de la celebración eucarística. Tiene algo de sagrado y representa los dones de Dios a la humanidad. Consiguientemente, nunca se tira un pedazo de pan a la basura, ya que tal actitud sería un desprecio por el maná que «cayó del cielo» y una contradicción frente al hambre de millones de hermanos y hermanas que viven en situaciones miserables en diferentes zonas del mundo.

> El pan es el símbolo del alimento humano... por muy alto que vuele el espíritu, por muy profundo que sea el buceo místico, por muy metafísico que sea el pensamiento abstracto, el ser humano siempre depende de un poco de pan, de un vaso de agua, en fin, de una pequeña porción de materia[5].

---

[5] L. Boff, *El Padrenuestro. La oración de la liberación integral,* San Pablo, Madrid 2023, 92.

La expresión «nuestro pan» apunta a la fraternidad que caracteriza la vida de las comunidades cristianas: «Todos los creyentes tenían un solo corazón y una sola alma, y nadie llamaba propia cosa alguna de cuantas poseían, sino que tenían en común todas las cosas» (He 4,32)[6]. El evangelista subraya que Dios es Padre de todos y que los bienes –los panes– deben distribuirse según las necesidades de cada miembro de la familia (Lev 26,5). Prevalece también el tema de la caridad y de la justicia del Reino, donde no es aceptable que los «pequeños» se queden sin lo necesario para una vida digna de hijos de Dios[7]. El pan también puede designar el trabajo humano, mediante el cual nos ganamos la vida con el sudor de nuestra frente en el «trabajo por el Reino»[8]. San Pablo, escribiendo a las comunidades, recuerda que el pan debe ganarse con el trabajo, y no ser fruto del sudor de los demás (Rom

---

[6] Por supuesto, en las primeras comunidades hubo malentendidos, conflictos y desafíos por superar. Es evidente que Lucas presenta a los primeros cristianos de manera idealizada. Más que describir la vida de las primeras comunidades, el evangelista nos ofrece un paradigma para ser referencia de las comunidades de ayer, de hoy y del futuro.

[7] Cf B. Maggioni, *o.c.,* 77-78.

[8] Cf M. Ledrus, *Il Padre nostro, preghiera evangelica,* Borla, Roma 1981, 79.

4,4-5; 2Tes 3,6-18). O como resume el lema de san Benito: «*ora et labora*».

El don de cada día

Con la libertad y la confianza de los hijos, nos dirigimos al Padre para pedir nuestro pan de cada día. Así es como manifestamos nuestra fe en quien nos alimenta en nuestro caminar diario. Es una petición humilde, de corazón sencillo y confianza en la bondad del Señor. Pedimos «nuestro pan», para mí y para todos. Unos pidiendo por los demás, como familia que conoce la generosidad del Padre. Al pedir el pan de cada día sin acumular nada, manifestamos nuestra adhesión a la lógica del reino de Dios, tan diferente al reino de este mundo, marcado por la codicia y el egoísmo. También expresamos el deseo de permanecer pobres y caminar por la vida dependiendo de Dios. Por tanto, el Padrenuestro no es la oración de los ricos, que tienen pan cada día en abundancia, sino la súplica de los bienaventurados del Reino, pueblo solidario que espera la bondad del Padre. Es la oración de los pobres que caminan con filial confianza en el Padre, que exalta a los humildes, sacia a los hambrientos y despide a los ricos sin nada, como canta María en el *Magníficat,* cuando observa las maravillas y los sobresaltos de Dios en su vida y en la historia de Israel, su pueblo[9].

Jesús instó a los discípulos a partir para la misión vestidos de pobreza: «¡Andad!; mirad que yo os envío como corderos en medio de lobos. No llevéis bolsa, ni alforja, ni sandalias...» (Lc 10,3-12). Fieles a este mandato del Maestro, los discípulos –aquellos itinerantes y también los demás seguidores de Jesús– deben confiar en la Providencia y pedir el pan cada día, sin acumular nada[10]. La confianza en la Providencia no significa que los discípulos estén exentos del trabajo y del esfuerzo diario para satisfacer sus necesidades físicas. Jesús nos invita a aceptar la lógica del reino de Dios, que contradice la ideología de la ganancia indebida y la tentación de acumular, como recuerda la parábola del rico insensato: «Pero Dios le dijo: "¡Insensato, esta misma noche morirás!; ¿para quién será lo que has acaparado?"» (Lc 12,20).

---

[9] Cf G. L. MAIA, *Nos passos de Maria de Nazaré, visitação de Nossa Senhora a Isabel e o cântico do Magnificat,* Fontenele, São Paulo 2009, 69-73.

[10] El papa Francisco en los primeros días de su pontificado manifestó el deseo de «una Iglesia pobre y para los pobres» (cf L'Osservatore Romano, 17 de marzo de 2013).

La expresión «nuestro pan», precedida de «danos hoy» y seguida del complemento «de cada día», nos compromete e invita a la solidaridad con los hermanos que atraviesan dificultades y muchas necesidades. Esta oración nos llama a incrementar el proceso de conversión, porque para que el «pan» sea «nuestro» necesitamos transformar la sociedad, con sus mecanismos y estructuras injustas[11]. La conversión colectiva es la condición para que nuestra oración sea verdadera y no farisaica[12]. El papa Francisco nos recuerda que en el Padrenuestro elevamos al Padre la oración de quien no se basta a sí mismo, sino que clama por el pan[13].

El verdadero alimento de los seguidores de Jesús es un don de Dios. En él está la confianza de los discípulos que conocen el corazón del Padre. El Maestro nos invita a dedicarnos a la causa del

---

[11] Cesáreo de Arles, en el siglo VI, comentaba: «El pobre os pide un trozo de pan, y vosotros pedís a Dios la vida eterna. [...] No puedo entender cómo puedes esperar recibir lo que te niegas a dar» (cf O. CLÉMENT-B. STANDAERT, *Pregare il Padre nostro*, Qiqajon, Magnano 1989, 61).

[12] Cf L. BOFF, *o.c.*, 95.

[13] El papa Francisco comenta: «Jesús nos enseña a pedirle al Padre el pan de cada día. Y nos enseña a hacerlo unidos con tantos hombres y mujeres para quienes esta oración es un grito –que a menudo se lleva dentro–, y que acompaña la ansiedad de cada día. ¡Cuántas madres y padres, incluso hoy, se van a dormir con el tormento de no tener mañana

Reino, que es de los pobres de espíritu y nos libera de las preocupaciones por el pan y de todos los bienes materiales que representa (cf Mt 5,3; Mc 6,8). San Pedro Crisólogo, doctor de la Iglesia y brillante orador, meditó en su sermón: «Cristo es el pan sembrado en la Virgen, leudado en la carne, amasado en la pasión, cocido en el horno del sepulcro, guardado en reserva en la Iglesia, llevado a los altares, que proporciona cada día a los fieles un alimento celestial»[14]. En la eucaristía estamos llamados a nutrirnos del pan, celebrar el don del cielo y dar gracias a Dios.

---

pan suficiente para sus hijos! Imaginemos esta oración rezada no en la seguridad de un apartamento cómodo, sino en la precariedad de una habitación en la que uno se las arregla, donde falta lo necesario para vivir. Las palabras de Jesús adquieren una nueva fuerza. La oración cristiana comienza desde este nivel. No es un ejercicio para ascetas; parte de la realidad, del corazón y de la carne de las personas que viven en necesidad, o que comparten la condición de quienes no tienen lo necesario para vivir. Ni siquiera los más altos místicos cristianos pueden prescindir de la simplicidad de esta petición: "Padre, haz que tengamos hoy el pan necesario para nosotros y para todos". Y "pan" vale también para el agua, las medicinas, el hogar, el trabajo... Pedir lo necesario para vivir» (cf PAPA FRANCISCO, *Catequesis sobre el Padrenuestro 11*, Audiencia general, Ciudad del Vaticano, 27 de marzo de 2019).

[14] Sermón de san Pedro Crisólogo –«palabra de oro»–, obispo de Rávena fallecido en el año 450, citado en el *Catecismo de la Iglesia católica* (cf n. 2837).

El pan de vida

La expresión del Padrenuestro: «Danos hoy nuestro pan de cada día», además del significado literal, que apunta a las necesidades alimentarias y materiales, también recibe un significado espiritual. San Cipriano reconocía dos sentidos en esta petición: uno espiritual y otro literal. Y afirmó que ambas interpretaciones contribuyen al diseño de la Providencia para nuestra salvación. Orígenes, en cambio, descarta una interpretación material y afirma que Jesús es el «Maestro de las cosas celestiales». Según Orígenes, el pan es la palabra de Dios, el Cristo[15].

El «pan» indica la eucaristía y también apunta a la palabra de Dios. Jesús dijo: «Yo soy el pan vivo bajado del cielo. El que coma de este pan vivirá eternamente; y el pan que yo daré es mi carne por la vida del mundo» (Jn 6,51). Y, cuando fue tentado en el desierto, respondió: «No solo de pan vive el hombre, sino de toda palabra que sale de la boca de Dios» (Mt 4,4). Jesús es la Palabra del Padre. Encarnó la palabra de Dios en su vida, hasta el punto de declarar: «El que me ha visto a mí ha visto al

---

[15] Cf A. Hamman, *Il Padre nostro letto dai Padri della Chiesa*, Castelvecchi, Roma 2017, 20 y 38.

Padre» (Jn 14,9). San Agustín reconoce el triple significado del «pan» en el Padrenuestro. Para él, el pan tiene un significado literal que apunta a las necesidades materiales, pero también apunta a la eucaristía y a la palabra de Dios[16].

La eucaristía es el don del pan, cuando Dios se da en el Hijo. El Maestro dijo: «Os aseguro que no fue Moisés quien os dio el pan del cielo; mi Padre es el que os da el verdadero pan del cielo [...]. Ellos le dijeron: "¡Señor, danos siempre de ese pan!". Jesús les dijo: "Yo soy el pan de la vida. El que viene a mí no tendrá hambre, y el que cree en mí no tendrá sed jamás"» (Jn 6,32-35). De este modo, queda claro que la petición de pan indica no solo las necesidades humanas de alimento, trabajo... sino también el don de la eucaristía. Ella es el reino de Dios en medio de nosotros, ella es el pan y el sustento de los trabajadores de la mies del Señor (cf Mt 9,38; Lc 10,2). Por un lado, tenemos los graves problemas sociales, las injusticias y la tragedia del hambre en el mundo, que reclaman nuestra responsabilidad hacia nuestros hermanos que sufren. Por otro lado, tenemos el pan eucarístico, que es el mismo Cristo

---

[16] Cf L. ULRICH, *Matteo 1*, Paideia, Brescia 2006, 508.

que nos alimenta y sostiene en la construcción del Reino[17]. Somos peregrinos, necesitados de muchos «panes», hasta llegar a saborear la fiesta celestial. Porque la petición de pan nos remite también a la dimensión escatológica del Reino (cf Lc 14,15).

El que reza por el pan de cada día es un pobre de corazón[18]. No se trata de una petición humillante, ni de una súplica espiritual, sino de una actitud filial de confianza en el Padre. Los discípulos cuentan con Dios para afrontar las dificultades y contradicciones de la historia. Al pedir pan, fruto de la tierra y del trabajo de las manos humanas, los seguidores de Jesús manifiestan solidaridad, hambre de justicia y deseo de comunión. Porque, al pronunciar las palabras «nuestro pan», vencemos el egoísmo y nos abrimos a las necesidades de todos los hijos de Dios, especialmente de los que mendigan junto al camino (cf Mc 10,46-52).

A lo largo de la historia, la Iglesia ha buscado dar respuesta o al menos aliviar el sufrimiento de tantas personas que padecen hambre material y espiritual.

---

[17] El *Catecismo de la Iglesia católica* llama la atención sobre el drama del hambre y sobre nuestra responsabilidad cristiana, además de recordar el pan de la eucaristía y de la palabra de Dios que nos une al cuerpo de Cristo (cf nn. 2831-2837).

[18] Cf BENEDICTO XVI, *o.c.*, 187.

Son muchas las iniciativas que responden, al menos en parte, al sufrimiento de los hermanos, en las que vemos la presencia del mismo Cristo: «Porque tuve hambre y me disteis de comer, tuve sed y me disteis de beber...» (cf Mt 25,34-46). No podemos rezar el Padrenuestro y pedir el pan de cada día solo en el sentido espiritual o reducirlo a la dimensión terrenal[19]. En la oración, Jesús nos enseña a pedir al Padre el pan del Reino. Es el Hijo que no tiene oro ni plata, ni lugar donde reclinar la cabeza, sino que confía y encomienda su vida en las manos del Padre: nuestro Padre, que nos ama mucho y nos da el pan de cada día, todos los días (cf Mt 8,20). Se trata de los «panes» que nos sostienen en la lucha incansable por la justicia, pero también de la Palabra y de la eucaristía, donde el Señor se hace pan para alimentarnos. En este contexto leemos, una vez más, lo que escribió san Pablo: «Jesús, el Señor, en la noche que fue entregado, tomó pan, dio gracias, lo partió y dijo: "Esto es mi cuerpo, que se entrega por vosotros; haced esto en memoria mía"» (1Cor 11,23-24).

---

[19] Ledrus observa que una persona no se vuelve «espiritual» cuando pide perdón al Padre, ni material cuando le pide pan. Somos verdaderos seguidores de Jesús cuando nos entregamos a su servicio y nos abandonamos a la divina Providencia, de la que esperamos el don del pan y del perdón (cf M. LEDRUS, *o.c.*, 77).

7

Perdón y gratitud

Perdona nuestras ofensas,
como también nosotros perdonamos
a los que nos ofenden.
(Mt 6,12)

En el Padrenuestro, después de pedir el pan, pedimos el perdón. En las peticiones cuarta y quinta del Padrenuestro tenemos dos necesidades esenciales para el sustento y para nuestra vida cristiana: el pan y el perdón. Ambas peticiones apuntan al Padre y a los hermanos. La oración de la quinta petición comienza con una súplica que ofrecemos directamente a Dios: «Perdona nuestras ofensas». De este modo, manifestamos la conciencia de nuestra fragilidad y la confianza en el Padre misericordioso (cf Sal 118). Pero la frase no termina con pedir perdón al Padre. Jesús continúa y señala nuestras relaciones con nuestros hermanos: «Como también nosotros perdonamos a los que nos ofenden».

El Maestro nos enseña que la petición de perdón tiene dos direcciones: una vertical, donde pedimos perdón a Dios, y otra horizontal, que nos llama a pedir perdón y a perdonar a nuestros hermanos. Después de enseñar a orar, Jesús enfatizó la importancia del perdón para sus discípulos. Al final del Padrenuestro, añadió: «Porque si vosotros perdonáis a los hombres sus ofensas, también os perdonará a vosotros vuestro Padre celestial; pero si no perdonáis a los hombres sus ofensas, tampoco vuestro Padre perdonará las vuestras» (Mt 6,14-15). En la Sagrada Escritura, el pecado se entiende como una ruptura de la alianza con Dios. Es una ofensa para el que siempre es fiel, porque Dios nunca ha quebrantado una ley establecida y nunca ha cometido un acto de injusticia o se ha rebelado contra uno de sus hijos[1]. Desde la perspectiva de la Biblia, el pecado nunca afecta solo a la persona, sino que afec-

---

[1] En la Biblia encontramos algunos ritos antiguos de purificación de la impureza, causada por el pecado, con el uso del agua (Lev 14,5), con la expiación de los animales (Lev 14,7.53), con la sangre (Lev 16,14-19), con el fuego (Núm 31,22), o incluso con la exclusión del pecador de la comunidad y, en casos extremos, con su muerte (Dt 13,6).

ta siempre a Dios, que se siente traicionado, como se lamenta el profeta Oseas ante el adulterio de su mujer (cf Os 1,1ss). Es la ruptura de una relación de amor, de una alianza de complicidad y fidelidad similar a la de la vida conyugal.

Los pecadores, al romper con Dios, debemos reconocer nuestra culpa, pedir perdón y volver a la alianza. El perdón es don y signo de la bondad de Dios, que envía a su Hijo para librar a su pueblo de sus pecados y salvar lo que se había perdido (cf Mt 1,21; Lc 19,10). El Padre, en su infinita misericordia, escucha nuestra oración, así como escuchó la petición del «publicano» que suplicaba su perdón en el fondo del templo: «El publicano, por el contrario, se quedó a distancia y no se atrevía a levantar sus ojos al cielo, sino que se golpeaba el pecho y decía: "Dios mío, ten compasión de mí, que soy un pecador"» (Lc 18,13). Perdonar es un don gratuito del Padre y una tarea a menudo difícil para cada uno de nosotros[2].

---

[2] Cf J. M. MARTÍN-MORENO, *Así como nosotros perdonamos*, San Pablo, Madrid 1989, 24.

Ofensas y pecados

En los evangelios encontramos varios pasajes en los que se presenta el pecado con el lenguaje económico y jurídico de una deuda que debe ser saldada por el deudor[3]. En el Padrenuestro, según la versión de Mateo, el pecado también se presenta con el lenguaje profano de una deuda que hay que pagar: «Perdona nuestras *ofensas* (deudas), como también nosotros perdonamos a *los que nos ofenden* (nuestros deudores)». Mientras Mateo usa la metáfora de «deuda», en la versión de Lucas encontramos los términos «pecados» en la primera parte de la oración, y posteriormente la palabra «deuda»: «Perdónanos nuestros pecados, porque también nosotros perdonamos a todo el que nos debe». Mateo usa la palabra «deudas» porque en el ambiente judío esta metáfora indica-

---

[3] «El reino de Dios es semejante a un rey que quiso arreglar sus cuentas con sus empleados. Al comenzar a tomarlas, le fue presentado uno que le debía millones...» (Mt 18,23ss). «Porque es como un hombre que, al irse de viaje, llamó a sus criados y les confió su hacienda. A uno le dio cinco, a otro dos y a otro uno...» (Mt 25,14-30). «Un hombre plantó una viña, la cercó con una valla, cavó en ella un lagar, edificó una torre para guardarla, la arrendó a unos viñadores y se fue de viaje...» (Mc 12,1-9); «Un prestamista tenía dos deudores, uno le debía diez veces más que el otro. Como no podían pagarle, se lo perdonó a los dos. ¿Quién de ellos le amará más?...» (Lc 7,41ss).

ba algo que la persona necesitaba pagarle a Dios. Lucas, que también estaba familiarizado con esta metáfora, prefiere usar el término «pecados», que es más común y más fácil de entender para los no judíos[4].

La metáfora de las «deudas» usada por Mateo no parece ser suficiente para indicar el alcance y la profundidad del perdón del Padre. El perdón de Dios no es algo que debamos pagar como una «deuda» a un acreedor en particular. Nuestros pecados, más que una «deuda» con Dios, señalan el rechazo del don gratuito ofrecido por el Padre. Mateo, con refinada sutileza, nos recuerda que todos dependemos de la misericordia del Padre. Por mucho que hagamos algunas buenas obras y vivamos el mandamiento nuevo, siempre seremos deudores del Padre, a quien debemos pedir perdón, como el salmista: «Contra ti, contra ti solo pequé y he hecho lo que tú no puedes ver» (Sal 51,6). Nunca tendremos crédito ante Dios como pensaban los escribas y los fariseos, que son criticados y acaban ignorando y rechazando el don gratuito del perdón del Padre (cf Lc 11,42).

---

[4] Cf B. Maggioni, *Padre nostro*, Vita e Pensiero, Milán 2019, 85-86.

La petición de perdón en el Padrenuestro es colectiva: «Perdona nuestras ofensas», mientras que el salmista reza en singular: «Contra ti, contra ti solo pequé». En el Padrenuestro Jesús enseña a pedir perdón por todos: «Perdona nuestras ofensas», y no solo por él mismo: «Perdóname». Mateo enfatiza la dimensión comunitaria que manifiesta la perspectiva eclesial de su evangelio y nos confirma en la comunión de la familia de Dios. Para este evangelista, el perdón tiene lugar en la comunidad de fe, donde se afrontan nuestras debilidades y se siente la necesidad del perdón, de la comunión.

En el Padrenuestro, la petición de perdón tiene un alcance misionero, ya que pedimos perdón no solo individualmente, como hijos, sino también como comunidad, como hermanos. También vale la pena señalar que nuestra petición de perdón no se dirige a una deidad lejana, sino que se hace con la libertad de los hijos a un Padre amoroso con quien tenemos intimidad.

Tanto en la versión de Mateo como en la de Lucas, vemos la raíz bíblica del Antiguo Testamento, en la que el pecado se entiende como una deuda o infidelidad ante la alianza de amor que tenemos con Dios. Más que transgredir una ley o quebran-

tar una regla, el pecado señala una deuda de amor
con el Padre. Por eso, estamos llamados a volver al
amor, a reconstruir la alianza con el Padre que siempre actúa con misericordia (cf Mc 2,5). Para Mateo,
las deudas corresponden a nuestros pecados ante
el Padre, que nos ama mucho y no tolera ver a sus
hijos hacer el mal[5].

El Padre siempre perdona

El Padre es misericordioso, ama a sus hijos en el
bien y en el mal y acoge siempre a los que vuelven
a su casa (cf Mt 5,45; Lc 15,11-32). El don del perdón nos lleva a una profunda experiencia de amor
con el Padre e inspira nuestro deseo de conversión.
En la oración del Padrenuestro, estamos llamados
a experimentar el amor del Padre, a acoger su don
y a acercarnos a Dios que, por el Hijo, en el Espíritu Santo, perdona nuestros pecados (cf Rom 5,10;
Col 1,14). El Padre nos ama y nos perdona. Y, siendo un padre amoroso, su perdón nos fortalece y nos
ayuda a perdonar a nuestros hermanos.

---

[5] Cf U. VANNI, *Il Padre nostro II*, Civiltà Cattolica, III, Roma 1993,
479.

Sin perdón no hay seguimiento de Jesús ni cristianismo. Por otro lado, sabemos que el perdón es un proceso, a veces doloroso, que se va construyendo en el camino. Al perdonar a los hermanos, experimentamos el significado del perdón de Dios hacia nosotros. El Padre nos perdona verdaderamente, mientras que muchas veces, en nuestras relaciones humanas, ni perdonamos ni somos perdonados con tanta profundidad. De todos modos, debemos entender que no tenemos crédito ante Dios porque perdonamos a nuestros hermanos, porque su amor es infinitamente mayor. Cuanto más nos damos cuenta de la magnitud del amor y el perdón de Dios, mayor es nuestra gratitud por el don de la salvación que costó el sacrificio del Hijo primogénito en la cruz[6].

El papa Francisco, al meditar sobre la quinta petición del Padrenuestro, dice:

Por mucho que nos esforcemos, siempre hay una deuda inagotable con Dios, que nunca podremos pagar: Él nos ama infinitamente más de lo que nosotros lo amamos. Y luego, por mucho que nos com-

[6] R. QUAGLIA, *Il Padre nostro, tra psicologia e spiritualità,* Marcianum Press, Venecia 2018, 63-68.

prometamos a vivir de acuerdo con las enseñanzas cristianas, en nuestras vidas siempre habrá algo por lo que pedir perdón[7].

En esta petición del Padrenuestro aparece un «cómo», que nos recuerda otros pasajes del evangelio donde también encontramos este mismo término: «Vosotros sed perfectos, como vuestro Padre celestial es perfecto» (Mt 5,48); «Sed misericordiosos, como vuestro Padre es misericordioso» (Lc 6,36); «Os doy un mandamiento nuevo: que os améis unos a otros. Que como yo os he amado, así también os améis unos a otros» (Jn 13,34). El adverbio «como» no significa que Dios solo nos perdone si tenemos la misma actitud hacia nuestro prójimo. Es importante observar que el perdón del Padre no está condicionado al perdón de sus hijos, ya que nuestro perdón a los hermanos no es causa ni condición del perdón divino. Pero si no perdonamos a los que nos ofenden, nos volvemos incapaces de aceptar el perdón de Dios. Porque es en el perdón del Padre donde encontramos la fuerza para perdonar también. Nuestra capacidad de perdonar

---

[7] Cf PAPA FRANCISCO, *Catequesis sobre el Padrenuestro 13*, Audiencia general, Ciudad del Vaticano, 24 de abril de 2019.

proviene de nuestra experiencia con el Padre, que siempre nos perdona. Su misericordia no puede penetrar en nuestro corazón hasta que perdonemos a los que nos han ofendido[8]. La afirmación: «Perdona nuestras ofensas, como también nosotros perdonamos a los que nos ofenden», solo es posible porque estamos seguros del perdón de Dios, quien, en Jesucristo, ya nos ha perdonado (cf Ef 4,32).

Este «como», además de indicar la experiencia del perdón que ya hemos recibido del Padre, da credibilidad a nuestra misión de testimoniar y anunciar el reino de Dios. Después de todo, ¿quién creería el mensaje de un seguidor de Jesús, sin el testimonio de la experiencia de amor que se manifiesta en la práctica del perdón y la caridad?

Comenzar con el perdón

Al meditar esta petición del Padrenuestro, recordamos una famosa frase de san Agustín: «Cuando vayas a orar, empieza por perdonar». De hecho, rezando el Padrenuestro, manifestamos la conciencia de nuestras debilidades y la necesidad del perdón

---

[8] Cf *Catecismo de la Iglesia católica,* n. 2840.

de nuestros hermanos. Si en Cristo ya hemos sido perdonados y salvados, queda la necesidad de renovar nuestro perdón de hermanos. Esta actitud humilde de pedir y ofrecer el perdón confirma nuestra adhesión a la persona de Jesús, que nos guía: «Por tanto, si al llevar tu ofrenda al altar te acuerdas allí de que tu hermano tiene algo contra ti, deja tu ofrenda delante del altar y vete antes a reconciliarte con tu hermano; después vuelve y presenta tu ofrenda» (Mt 5,24).

Jesús insistirá con sus discípulos en que el perdón no tiene límites. No se trata de perdonar unas cuantas veces, como propone Pedro, sino de multiplicar hasta «setenta veces siete», como cuotas de una deuda pagada por un corazón que ama sin medida[9]. Según la costumbre de la época, una persona debe pedir perdón hasta tres veces[10]. Sin embargo, Pedro ya imaginó que Jesús quería aumentar ese número. Pero el Maestro lo sorprende y le propo-

---

[9] En el evangelio de Lucas no tenemos la expresión de Mateo «setenta veces siete» (Mt 18,21-22), sino perdonar «siete veces al día» (cf Lc 17,3-4).

[10] Basándose en algunos pasajes del Antiguo Testamento, según los cuales el Señor perdonó hasta tres veces, los rabinos enseñaban que ningún israelita debe perdonar más que el mismo Dios (cf Am 1,3; 2,6; Job 33,29).

ne una nueva actitud multiplicando el perdón, es decir, debemos perdonar infinitamente. De ahí la necesidad constante de profundizar en el proceso de nuestra conversión para vivir la vida de la gracia recibida en el bautismo. Perdonar es renunciar a toda posibilidad de venganza y alternativas que contradigan el evangelio de Jesús. En la práctica, es un proceso que seguramente llevará poco o mucho tiempo para superar los sentimientos negativos y asimilar las situaciones que nos alejan de la propuesta de Jesús y su Reino.

En este contexto, recordamos el sacramento de la Reconciliación, instituido por Jesús en la tarde del día de su resurrección: «Después sopló sobre ellos y les dijo: "Recibid el Espíritu Santo. A quienes perdonéis los pecados, les serán perdonados; a quienes se los retengáis, les serán retenidos"» (Jn 20,22-23). No perdonar significa olvidar el perdón que recibimos de Dios. Es actuar como el individuo despiadado de la parábola que fue perdonado por su amo, a quien le debía diez mil talentos, pero no perdonó a su prójimo, que le debía mucho menos (cf Mt 18,21-35).

La comunidad es el lugar donde vivimos el don del perdón. En ella experimentamos el Reino, compartimos el «pan» y celebramos el perdón. En esta quinta petición del Padrenuestro, Jesús nos llama a volver a la gracia de Dios. Nuestras ofensas o nuestros pecados nos separan del amor del Padre y de nuestros hermanos. Pero, en el Padrenuestro, Jesús nos invita a crecer desde la experiencia del perdón incondicional a los hermanos, que caminan con nosotros en este mundo marcado por tantas contradicciones. Por supuesto, perdonar es difícil y a veces se necesita tiempo para que las heridas cicatricen. Es un proceso de transformación, purificación y sanación que realizamos en el camino y que llega también a las personas que son perdonadas. Tal experiencia nos ayuda a comprender mejor el misterio de la cruz de Cristo. Por eso, el perdón que rezamos en el Padrenuestro, como las demás peticiones de esta oración, tiene un fuerte acento cristológico que nos consuela en la certeza del amor de Jesús que se entregó por cada uno de nosotros[11]. En este contexto, recitamos el himno de la caridad, que nos revela la profundidad de la fe, el alcance de la esperanza y la belleza del amor que se traduce en perdón.

---

[11] Cf BENEDICTO XVI, *Jesús de Nazaret I. Desde el Bautismo a la Transfiguración*, La esfera de los libros, Madrid 2007, 194-197.

Aunque hable las lenguas de los hombres y de los ángeles, si no tengo amor, no soy más que una campana que toca o usa platillos que resuenan. Aunque tenga el don de profecía y conozca todos los misterios y toda la ciencia, y aunque tenga tanta fe que traslade las montañas, si no tengo amor, no soy nada. [...]

El amor es paciente, es servicial; el amor no tiene envidia, no es presumido ni orgulloso; no es grosero ni egoísta...

El amor nunca falla. Desaparecerán las profecías, las lenguas cesarán y tendrá fin la ciencia... Tres cosas hay que permanecen: la fe, la esperanza y el amor. Pero la más grande de las tres es el amor (1Cor 13,1-13).

8
Pruebas y tentaciones

No nos dejes caer en la tentación.

(Mt 6,13a)

Llegamos a la penúltima petición del Padrenuestro. En la versión de Mateo, esta es la sexta petición, correspondiente a la quinta y última de la interpretación de Lucas, que unificaba el tema de las tentaciones con el tema del mal. En la Biblia, la tentación se atribuye al diablo, que se opone al proyecto del Reino anunciado por Jesús[1]. Las

---

[1] Esta petición del Padrenuestro es un tanto extraña y nos lleva a comprobar cuál es la mejor traducción de esta frase. En la Biblia de San Pablo España, tenemos la traducción oficial: «No nos dejes caer en la tentación». Pero también podría traducirse como «no nos abandones en la tentación», «no nos introduzcas en la tentación» o incluso «no nos permitas caer en la tentación» (cf C. Marucci, *Padre nostro e la sua traduzione,* Civiltà Cattolica, Roma 1996, 348-349). Hay otras posibles traducciones: «Aléjanos de las tentaciones», «no nos dejes ser tentados». Sin embargo, lo importante no es traducir palabra por palabra,

tentaciones corresponden a una «confusión» entre el bien y el mal y nos acompañan a lo largo de nuestra vida, tal como le sucedió a Jesús[2]. Pero el Hijo nunca vaciló, permaneciendo fiel al Padre[3]. Dios nunca nos tienta a hacer el mal: «Nadie diga en la tentación que es tentado por Dios. Porque Dios ni puede ser tentado al mal ni tienta a nadie» (Sant 1,13). Dios nunca nos tienta, pero puede probarnos, como lo hizo con Abrahán, confirmándolo en su fe (cf Gén 22,1; 1Mac 2,52; Si 44,20). También Moisés fue puesto a prueba y se vio tentado a rechazar la misión que Dios le había encomendado (cf Éx 3,11; 4,10ss). En el desierto, después de salir de Egipto, el pueblo de Dios fue tentado a regresar y abandonar el proyecto de liberación y conquista de la Tierra prometida[4]. In-

---

sino mantener el significado de la expresión (cf K. BERGER, *Il Padre nostro, pregare con il cuore e con la mente*, Queriniana, Brescia 2016, 124).

[2] Cf F. BAVON, *Vangelo di Luca 2*, Paideia, Brescia 2007, 160.

[3] Algunos especialistas consideran el tema de las tentaciones en el Padrenuestro en la perspectiva escatológica como una referencia a las grandes tribulaciones al final de los tiempos, cuando alcanzaremos la victoria definitiva en la vida eterna. Pero la mayoría piensa en las tentaciones y pruebas que enfrentamos en la vida diaria. Hay casos en los que el término «tentación» puede traducirse como «sufrimiento» o «aflicción» (cf L. ULRICH, *Matteo 1, commentario*, Paidea, Brescia 2006, 512-513).

[4] En el libro de Números encontramos varias situaciones que relatan las tentaciones sufridas por el pueblo en el desierto camino de la Tierra prometida (cf Núm 11,4; 12,14; 13; 16; 20,1). En otros pasajes del Anti-

cluso Jesús, el Hijo primogénito del Padre, no se salvó del tentador.

La diferencia entre la tentación y la prueba radica en el origen y fin de ambas. En la fuente de la tentación está el diablo, cuyo objeto es ver la caída y ruina de la persona tentada. La prueba, en cambio, se dirige al bien de la persona y se espera que supere las dificultades, madure y persevere fiel a Dios. Las pruebas y las tentaciones pueden ser individuales o colectivas. Pueden llegar a toda la comunidad o a una persona en particular, como le sucedió a Job, que vio puesta a prueba su fidelidad a Dios (Job 42,16-17). Es interesante notar que la tentación no siempre se presenta como algo malo. A veces, es sutil, se disfraza y se muestra como alguien que solo nos desea el bien y lo mejor para nosotros.

Mateo nos dice que fue el Espíritu quien llevó a Jesús al desierto para ser tentado por el diablo, antes de que comenzara el anuncio del Reino (cf Mt 4,1; Mc 1,12-13; Lc 4,1-2). Parece, al menos inicialmente, que el Espíritu Santo actúa en contra de lo que pedimos en el Padrenuestro. Si en la oración pedimos no caer en tentación, el Espíritu nos lleva a un lugar donde el diablo nos tentará. En ese caso,

---

guo Testamento aparece el tema de las pruebas del pueblo o de todo el pueblo de Israel (cf Dt 8,2; 13,4; Tob 12,3; Sal 26,2; 139,23).

¿debemos rezar el Padrenuestro para que el Señor nos libere de esta acción del Espíritu Santo?[5]. No. El Espíritu Santo no es el tentador. Nos acompaña también en las situaciones del desierto y bajo su acción clamamos con fe: «*Abba,* Padre» (cf Gál 4,6).

En las tentaciones de Jesús, nuestras tentaciones

Jesús no se preocupó por ocultar la realidad de las tentaciones que lo golpearon a él y a sus seguidores. Siempre fue muy claro con los discípulos, diciendo que en el camino habría muchas tentaciones y pruebas antes de la llegada definitiva del Reino[6]. Las tentaciones de Jesús resumen y señalan la lucha de todas las personas de buena voluntad contra las fuerzas del maligno. A diferencia de nosotros, Jesús no cede a las presiones y embestidas del tentador, que quiere apartarlo del proyecto del Padre. En el desierto, aun antes de iniciar su ministerio, el de-

---

[5] Cf K. Berger, *Il Padre nostro, pregare con il cuore e con la mente,* Queriniana, Brescia 2016, 134-135.

[6] Cf M. Ledrus, *Il Padre nostro preghiera evangelica,* Borla, Roma 1981, 55.

monio trató de desviarlo de su misión de siervo de Yahvé y del Mesías, proponiéndole la transformación de las piedras en pan. Pero el Maestro rechazó las riquezas y los bienes del reino de este mundo, renunció a las glorias humanas y a toda ambición de poder, permaneciendo fiel al Padre hasta la muerte, y muerte de cruz (cf Flp 2,8).

Las tentaciones de Jesús se repiten a lo largo de la historia en la vida de las personas y de su Iglesia. Las riquezas, el poder y otras ambiciones reflejan los ataques del maligno contra los discípulos y la Iglesia, que no siempre resistieron las atractivas y seductoras propuestas del demonio. Jesús mismo había advertido a sus seguidores del peligro de sucumbir a las tentaciones (cf Mt 24,9-13). El hecho es que existe una estrecha relación entre nuestra adhesión al proyecto del Padre y las tentaciones. Podríamos pensar que, rezando el Padrenuestro y aceptando el proyecto del Reino, estaríamos exentos de pruebas y tentaciones. Sin embargo, ni siquiera el Hijo se salvó de las tentaciones, y experimentamos la misma realidad. Nuestra adhesión al Padre no nos inmuniza de los embates del maligno a lo largo de la vida. Somos frágiles como «vasos de barro», y en el bautismo fuimos insertados en la comunidad de fe y hechos hijos de Dios (cf 2 Cor 4,7). En la oración pidamos al Señor que nos libere de las tentaciones y pruebas, que sean proporcionadas y no mayores que nuestras fuerzas[7].

Los seguidores de Jesús no pueden caer en la tentación de ignorar la fuerza del maligno y menospreciar el poder del enemigo. El dragón, según la imagen del Apocalipsis, está dispuesto a devorar al hijo de la mujer que estaba a punto de dar a luz (cf Ap 12,4). Seguimos el camino conscientes de que siempre estamos amenazados por el maligno, hasta que el «Hijo del Hombre» regrese y reúna a sus elegidos de todos los rincones de la tierra. En este camino, estamos llamados a rezar el Padrenuestro y a revestirnos de la «armadura de Dios» para hacer frente al «príncipe de las tinieblas» (cf Mc 13,26-27; Ef 6,11-12). En el Padrenuestro no pedimos ser librados de la tentación, sino ser asistidos por el Padre en las situaciones difíciles y ante las trampas tendidas por el enemigo. Nos consuela la certeza de que Jesús oró por Pedro y por cada uno de nosotros ante los ataques del demonio: «¡Simón, Simón! Satanás pidió permiso para zarandarte como a trigo.

---

[7] Cf BENEDICTO XVI, *Jesús de Nazaret I. Desde el Bautismo a la Transfiguración,* La esfera de los libros, Madrid 2007, 201.

Pero yo he rogado por vosotros, para que vuestra fe no desfallezca...» (Lc 22,31-32).

Jesús deja claro que el Padre no tiende trampas a sus hijos. Él siempre está con nosotros y nunca nos abandona ni nos deja solos. En Getsemaní, cuando Jesús se va a orar:

> Su corazón es invadido por una angustia indecible [...] y siente la soledad y el abandono. Solo, con la responsabilidad de todos los pecados del mundo sobre sus hombros [...]. Jesús no mendiga nunca amor para sí mismo, pero esa noche siente que su alma está triste hasta la muerte, y entonces pide a sus amigos que estén cerca de él: «Quedaos aquí y velad conmigo» [...]. En el momento de la agonía, Dios le pide al hombre que no lo abandone, y el hombre en cambio duerme. En el tiempo en que el hombre conoce su prueba, Dios en cambio vela. En los peores momentos de nuestras vidas, en los momentos más dolorosos, en los momentos más angustiosos, Dios vela con nosotros, Dios lucha con nosotros, siempre está cerca de nosotros. ¿Por qué? Porque es Padre[8].

---

[8] Papa Francisco, *Catequesis sobre el Padrenuestro 14*, Audiencia general, Ciudad del Vaticano, 1 de mayo de 2019.

Velad y orad

La escena de Getsemaní nos revela la dura prueba que Jesús superó permaneciendo fiel al proyecto del Reino. Mientras los discípulos dormían, el Maestro buscó fuerzas en la oración para afrontar la cruz y completar su obra (cf Mc 14,32-36). Ante la tentación de rechazar la lógica de la cruz, Jesús nos enseña a cumplir la voluntad del Padre. En un contexto dramático, el Maestro presenta dos verbos que nos fortalecen ante los embates del maligno: «Velad y orad» (cf Mt 26,36-44; Mc 14,32-42; Lc 22,40-46).

En la noche anterior a su martirio, Jesús no pidió al Padre que eliminara las tentaciones, sino que se cumpliera su santa voluntad. En la oración del Padrenuestro, tampoco pedimos la abolición de las tentaciones, sino la fuerza para resistir los ataques del demonio. Porque las tentaciones forman parte de la realidad de este mundo en el que el Verbo se hizo carne (cf Jn 1,14). Pedir que se eliminen las tentaciones sería ser tentado a ignorar nuestras limitaciones y querer ser como Dios. Con Jesús aprendemos a ser fieles al Padre, que no nos aparta el «cáliz», sino que nos consuela en las situaciones de «Getsemaní» que atravesamos en la vida[9]. El Padre nos da la fuerza para no caer en las tentaciones que son parte de la aventura humana. De este modo, las situaciones de tentación y de prueba se transforman, por la acción de Dios, en un lugar de perdón y de victoria. En el Padrenuestro pedimos humildemente al Padre que no nos deje sucumbir al embate del maligno y nos sostenga en las pruebas, para que no nos suceda como les sucedió a los discípulos, que huyeron y abandonaron al Maestro en la hora decisiva (cf Mt 26,56).

Santa Teresa de Jesús aconsejó a las hermanas rezar el Padrenuestro para combatir y vencer al enemigo[10]. Sin la oración no podremos vencer las tentaciones que acontecen en los desiertos de la vida. No podemos confiar en nuestras propias fuerzas y mucho menos caer en la tentación de creer en la profundidad de las raíces que dan estabilidad y firmeza a nuestros pies. Necesitamos la ayuda de Dios y, por eso, rezamos el Padrenuestro como Jesús nos enseñó. En oración, pidamos al Señor que

---

[9] Cf G. De Virgilio, *Le Preghiere nei Vangeli*, Rogate, Roma 2013, 102.

[10] Cf Santa Teresa de Jesús, *Camino de perfección*, San Pablo, Madrid 2008, 223-224.

nos ayude a no pisar los senderos de «arenas movedizas» de la tentación, donde nos hundiremos y sucumbiremos al maligno[11]. Sin la ayuda divina que imploramos en el Padrenuestro, no seremos capaces de superar las tentaciones y vencer al enemigo:

> Por tanto, el que crea estar firme, tenga cuidado de no caer. No os ha llegado ninguna prueba insuperable. Dios es fiel y no permitirá que seáis sometidos a pruebas superiores a vuestras fuerzas; ante la prueba os dará fuerzas para superarla (1Cor 10,12-13).

Los pecados son signos de nuestras caídas en la tentación, pero Jesús nos enseña a pedirle al Padre que nos ayude en estos momentos de prueba. Por eso necesitamos la luz y la fuerza del Espíritu Santo para discernir en la vida cotidiana lo que realmente corresponde a la voluntad del Señor. Una prueba puede ayudarnos a crecer, a madurar en la fe y en la intimidad con el Padre, mientras que la tentación nos llevará ciertamente al pecado y a la muerte. A la luz del Espíritu, estamos llamados a discernir las situaciones para desenmascarar la mentira de la

---

[11] Cf U. VANNI, *Il Padre nostro I,* Civiltà Cattolica, III, Roma 1993, 354.

tentación y escapar de las trampas del maligno. El Espíritu Santo nos ayuda a estar vigilantes, a luchar contra el mal y a perseverar fielmente en el proyecto del Reino[12].

En su oración, Jesús pide al Padre que nos defienda y proteja de los ataques del enemigo: «No te pido que los saques del mundo, sino que los guardes del mal» (Jn 17,15). Él, que derrotó al «príncipe de este mundo», con la sangre derramada en la Cruz, como el «Cordero inmolado», nos enseña a pedir al Padre para no caer en las tentaciones y nos invita a permanecer unidos a él para que podamos producir muchos y buenos frutos. Y añade: «Separados de mí nada podéis hacer» (cf Jn 15,1-8; 16,33; Ap 5,6; 12,11).

A la luz del Espíritu Santo, velamos y oramos para no sucumbir a las tentaciones y superar todas las pruebas que Dios permite en el camino y que, de alguna manera, nos ayudan a crecer en la fe, la esperanza y el amor. Todavía existe el riesgo de alejarnos del Padre y de nosotros mismos asumiendo el papel de tentadores del prójimo. Por eso, necesitamos abrir los ojos para ver las trampas del enemi-

---

[12] Cf *Catecismo de la Iglesia católica*, nn. 2847-2849.

go, percibir sus engaños y, con la ayuda del Padre, avanzar por los caminos del Reino, huyendo de las ocasiones de pecado[13].

---

[13] El cardenal Martini enumera cinco tentaciones a las que estamos sujetos. La primera es la *seducción* al mal a través de la sensualidad, la envidia, el orgullo, la venganza, la violencia... La segunda tentación es la *contradicción,* que encontramos en ambientes que nos critican, nos bloquean, nos impiden hacer el bien, y entonces nos hacen mucha falta la paciencia y la humildad. La tercera tentación es la *ilusión* de hacer algo que parece bueno pero que luego encontramos que es malo. La cuarta es el *silencio de Dios,* que tantas veces parece esconderse, prefiere no hablar, no manifestarse y no intervenir. La quinta y última tentación es la *insignificancia* de Jesús en una sociedad dominada por ideologías que contradicen el evangelio (cf C. M. MARTINI, *Il Padre nostro, non sprecate parol,* San Paolo, Milán 2016, 122-129). Según Rossé, la tentación más peligrosa es la de abandonar la fe y retornar a la vida anterior a la conversión (cf G. ROSSÉ, *Il Vangelo di Luca, commento exegético e teológico,* Città Nuova, Roma 1992, 427).

9
Padre, líbranos del mal

Y líbranos del mal.
(Mt 6,13b)

En la séptima petición del Padrenuestro según la versión de Mateo –ausente en Lucas–, pedimos al Padre que nos libre del mal[1]. Es una expresión típica del exorcismo, que indica la llegada del reino de Dios y señala nuestra lucha constante contra el maligno hasta el triunfo final de Cristo[2], cuando entregará el Reino al Padre, después de destruir todo

---

[1] La ausencia de la petición «Y líbranos del mal» en la versión de Lucas no es una mera simplificación, sino que se condensa en el tema anterior de la tentación: «Si hay tentación, es porque hay tentador» (cf U. VANNI, *Il Padre nostro II,* Civiltà Cattolica, III, Roma 1993, 480).

[2] Las palabras y las acciones de Jesús muestran cómo el reino de Dios es una lucha ininterrumpida contra el pecado y todas las demás manifestaciones del mal. Véase el comentario de Patrizio Rota Scalabrini sobre el mal en G. DE VIRGILIO, *Dizionario Biblico della Vocazione,* Rogate, Roma 2007, 498-502.

«principado» y poner «a sus enemigos debajo de sus pies» (1Cor 15,24-25).

Esta última súplica del Padrenuestro comienza con la conjunción «y», que une la sexta a la séptima petición, seguida del verbo «líbranos» y el adjetivo «mal». La oración termina con una petición en plural que señala nuestra redención[3]. No rezamos individualmente o singularmente –«líbrame»–, sino como miembros de una comunidad de fe, rogando al Señor el don de la liberación de las fuerzas del mal sintetizado en la metáfora del dragón del Apocalipsis, la serpiente antigua, el diablo y Satanás (cf Ap 12,7-9). En la oración sacerdotal de Jesús, encontramos cierto paralelismo con esta petición final del Padrenuestro, cuando el Maestro ruega para que seamos protegidos de los ataques del maligno: «No te pido que los saques del mundo, sino que los guardes del mal» (cf Jn 17,15).

Pero, ¿de qué mal queremos ser libres? ¿Del mal físico, del mal moral, de la maldad o incluso del maligno, el enemigo feroz? ¿O esta petición solamente es una forma positiva de decir lo mismo que dijimos en la petición anterior de manera negativa?

[3] Cf BENEDICTO XVI, *Jesús de Nazaret I. Desde el Bautismo a la Transfiguración*, La esfera de los libros, Madrid 2007, 202.

Ciertamente, el evangelista no alude al mal filosófico y abstracto, ni termina el Padrenuestro con una petición genérica: «Y líbranos del mal». Mateo se refiere al diablo, al enemigo del Reino, a Satanás que se opone al proyecto del Padre. Este «mal», en singular, indica el mal y lo que de él puede derivar: el mal físico, el mal moral... todo lo que lleva al pecado. Por lo tanto, debe entenderse en su totalidad. Ante esta realidad que nos acompaña a lo largo de la historia, san Pedro nos exhorta a estar alerta, porque el enemigo, «el diablo, como león rugiente, da vueltas y busca a quién devorar» (cf 1Pe 5,8).

La victoria contra el maligno

El mal es más antiguo que los seres humanos. Antes de que apareciera el hombre sobre la faz de la tierra, ya había terremotos, inundaciones y animales que cazaban y devoraban a otros animales. Por lo tanto, el mal no es obra y mucho menos castigo de Dios. El pueblo de Israel experimentó tentaciones y pruebas. Ya en el origen del mundo y de la humanidad, encontramos la caída de Adán y Eva engañados por la serpiente. En el desierto, Israel es probado en su fe y fidelidad al pacto. La oración confiada al Padre nos da fuerza para vencer el mal[4]. Frente al mal, tenemos la alternativa indicada por Jesús: «El cual pasó haciendo el bien y curando a los oprimidos por el demonio, porque Dios estaba con él» (He 10,38).

Jesús, el hombre sin pecado e inocente que murió en la cruz, venció al mundo y nos enseña a orar pidiendo al Padre que nos ayude a superar las pruebas, a no caer en la tentación y a librarnos del mal (cf Jn 14,30; 16,33; cf 1Pe 2,22). Las tentaciones y el mal son obras del diablo, pero también vienen del corazón humano. A veces, con la mejor de las intenciones, hacemos el papel de «ángeles del dragón» que luchan ferozmente contra el proyecto del Padre. Eso es lo que le pasó a Pedro. Jesús lo llamó «Satanás» porque no permitía que el Maestro caminara por el camino de la cruz. En otra ocasión, Jesús tuvo que escapar de la multitud que, viendo la señal de la multiplicación de los panes, quería proclamarlo rey según el esquema de este mundo y ciertamente con la mejor de las intenciones (cf Mt 16,22-23; Jn 6,15). Jesús ya ha vencido al maligno

---

[4] Cf G. BRUNI, *Voi direte: Padre nostro*, Qiqajon, Magnano 1984, 53-59.

y, en el misterio de su Pascua, nos ha traído la garantía de la victoria de la vida sobre la muerte[5].

San Cipriano decía que la frase final del Padrenuestro –«Y líbranos del mal»– no solo resume las anteriores, sino que es la petición de quien no tiene otra cosa que implorar, sino la protección salvadora del Padre[6]. Es una oración elemental, humilde, tan sencilla y tan profunda, que manifiesta el desarrollo espiritual de los hijos ante el Padre[7]. Ante la expresión final del Padrenuestro, podemos preguntarnos si nosotros, seguidores de Jesús, bautizados, piedras vivas de la Iglesia, estamos libres del maligno y de sus males. San Pablo nos recuerda que Jesús ya ha eliminado nuestras deudas pagando un «precio muy alto» (cf 1Cor 6,20). Y nos pregunta:

Si Dios está con nosotros, ¿quién estará contra nosotros? El que no perdonó ni a su propio Hijo, sino que lo entregó por todos nosotros... ¿Quién podrá

---

[5] Jesús mismo fue sometido a pruebas y sus discípulos fueron testigos de esta realidad recordada por el Maestro durante la Última Cena (cf Lc 22,28; Heb 2,8).

[6] Cf A. HAMMAN, *Il Padre nostro letto dai Padri della Chiesa*, Castelvecchi, Roma 2017, 25.

[7] Cf M. LEDRUS, *Il Padre nostro preghiera evangelica*, Borla, Roma 1981, 47.

separarnos del amor de Cristo? ¿La tribulación, la angustia, la persecución? [...]. En todas estas cosas salimos triunfadores por medio de aquel que nos amó. Porque estoy persuadido de que ni la muerte, ni la vida, ni los ángeles, ni los principados, ni las cosas presentes ni las futuras, ni las potestades [...] podrán separarnos del amor que Dios nos ha manifestado en Cristo Jesús, nuestro Señor (Rom 8,31-39).

San Pablo nos invita a estar preparados para la lucha contra el mal (cf Rom 12,21). Utiliza la metáfora del deporte aplicada a la vida cristiana para alertarnos de los ataques del enemigo. Así como el atleta debe prepararse para pelear y ganar la competición, del mismo modo nosotros debemos estar listos para vencer al adversario:

Los atletas se privan de muchas cosas, y lo hacen para conseguir una corona corruptible; en cambio, nosotros, por una incorruptible. Yo no corro sin ton ni son, ni peleo como quien da golpes al aire, sino que me impongo una disciplina y domino mi cuerpo, no sea que después de predicar a los demás, yo quede descalificado (1Cor 9,25-27).

En el día a día, la disciplina, la estrategia y el «entrenamiento» son fundamentales para enfrentarse al adversario. San Pablo también usa una metáfora del ambiente militar para hablar de nuestra vida espiritual, donde somos confrontados en nuestra fe. Nos guía a ponernos la «armadura» de la fe, a considerar la espada afilada de la «palabra de Dios», que ilumina nuestro camino y es referencia para nuestras decisiones, a usar el «yelmo» de la justicia, el «escudo» de una vida recta y el «cinturón» que indica nuestra disponibilidad y compromiso con la causa del Reino (cf Ef 6,10-20). Es evidente que, para san Pablo, hay una lucha que debemos afrontar, a lo largo de nuestro camino, sin miedo ni desánimo; después de todo, dice el apóstol: «Todo lo puedo en aquel que me conforta» (cf Flp 4,13).

El misterio del mal

El tema del mal es un misterio que se arraiga en el corazón humano[8]. El mal parece contradecir nuestra fe en el Padre providente, que cuida y protege a

---

[8] Cf O. Spinetoli, *Luca, il vangelo dei poveri*, Cittadella, Asís 1999, 395.

sus hijos. Después de todo, ¿por qué Dios, que lo sabe todo y que conoce todas las cosas de antemano, creó a los seres humanos con la libertad de hacer el bien y el mal? Si existe el mal físico, como los terremotos, las sequías, las inundaciones, las epidemias... que escapan al control humano, también tenemos el mal moral, que se comete libremente cuando se opta por lo que llamamos pecado.

Ante la presencia del mal que se manifiesta en grandes catástrofes o en la injusticia y la muerte de inocentes, los ateos niegan la existencia de Dios. En todo caso, el mal, como el bien, es siempre una alternativa ante la cual tenemos la posibilidad y la responsabilidad de elegir con sus consecuencias. De nuevo recordamos a san Pablo que dice: «No hago el bien que quiero, sino el mal que no quiero: eso es lo que hago. Y si lo que no quiero, eso es lo que hago, ya no soy yo el que lo hace, sino el pecado que hay en mí» (Rom 7,19-20).

En la Sagrada Escritura encontramos a un Dios que comparte el dolor humano y que, en Cristo, nos redime del pecado y de todo mal. Según el profeta Isaías, Jesús es el siervo sufriente, oprimido y exaltado, que carga sobre sus hombros todos los males para salvar al mundo (cf Is 52,13–53,12).

San Pablo nos recuerda que «Dios envió a su Hijo, nacido de una mujer, nacido bajo la ley, para que redimiese a los que estaban bajo la ley, a fin de que recibiésemos la condición de hijos adoptivos. Y como prueba de que sois hijos, Dios ha enviado a vuestros corazones el Espíritu de su Hijo, que clama: ¡*Abba*, Padre!» (Gál 4,4-6). La fe en Jesús, que se entregó para salvarnos, nos sostiene en la lucha contra el mal. Nuestra lucha es ante todo interior, en una búsqueda constante de conversión y adhesión al proyecto del Padre. Pero también luchamos contra los pecados y las estructuras que nos oprimen. Como seguidores de Jesús, combatimos a los enemigos del Reino con fe y esperanza. Estamos llamados a seguir los pasos de Jesús, que sufrió por nosotros, nunca cometió un pecado, y que murió en la cruz para sanar nuestras heridas como «Pastor y Guardián» de nuestra vida (cf 1Pe 2,21-25). Pero si pensamos que somos buenos, nos olvidaremos de pedir ayuda al Padre para que nos libre del mal y entonces seremos una presa fácil del maligno.

Jesús, con sus palabras y su vida al servicio del Reino, libró una fuerte lucha contra el mal. Ya al comienzo de su ministerio, vemos su lucha contra el Tentador. Toda su vida fue una gran batalla para vencer al enemigo. En Pascua venció el mal de todos los males, la muerte. No se trata de un dualismo entre Jesús y el diablo, el bien y el mal, la luz y las tinieblas, sino el amor que vence la cruz y salva a la humanidad. Es el Verbo encarnado quien nos muestra el camino hacia el Reino, nos enseña a contestar siempre al mal con el bien, incluso cuando alguien nos golpea en la cara (cf Lc 6,29). El Padre, solo Él, puede librarnos del mal. Sin embargo, ni siquiera su Hijo, que suplicaba «Padre, si quieres, aparta de mí este cáliz», se libró de la vergonzosa muerte en la cruz donde suspiraba: «Padre, en tus manos encomiendo mi espíritu» (cf Lc 22,42; 23,46). Dios no quiere que sus hijos sufran, ni quiere ver crucificado a su Hijo, pero no pudo defender a Jesús de los viñadores asesinos que ya habían decidido matar al «heredero de la viña» (cf Mt 21,33-46).

El Padrenuestro termina de una manera original y sorprendente que nos compromete en la lucha contra el mal[9]. No termina con una doxología, como vimos en el catecismo de las primeras comunidades cristianas –la *Didajé*–, ni con una frase de acción de gracias. Tanto en Mateo como en Lucas,

---

[9] Cf O. CLÉMENT-B. STANDAERT, *Pregare il Padre nostro*, Qiqajon, Magnano 1989, 118.

el Padrenuestro, que comienza con la invocación «Padre nuestro que estás en el cielo», termina hablando de las tentaciones y del maligno, al que debemos combatir. Es decir, de arriba abajo, desde el Padre que está en los cielos hasta el mal que enfrentamos en la tierra. Esta petición final del Padrenuestro permanece abierta y expresa nuestra fe y certeza en la acción de Dios que envió a su Hijo para salvar al mundo (cf Jn 3,17).

La lucha contra el mal es dura, porque es una batalla librada «cuerpo a cuerpo», que se extiende a lo largo de la historia de la humanidad y a través de la vida de cada seguidor de Jesús. Muchas veces nos sentimos «como corderos entre lobos», impotentes y amenazados por testimoniar y anunciar el evangelio del Reino (cf Lc 10,3). En los caminos de la misión recibida en el bautismo, tenemos una experiencia que nos recuerda la lucha de Jacob y «el buen combate» de san Pablo, según la dinámica de una fuerte batalla, entre desafíos y miedos, dolor, fe y esperanza (cf Gén 32,23-31; 2Tim 4,7-8).

Jesús nos enseña a rezar el Padrenuestro y nos invita a continuar la lucha contra el mal como «exorcistas» que expulsan al demonio, en una acción constante y dolorosa contra el maligno (cf Mt

9,32-34). Que el Padre nos libre del maligno y de todos sus males, pasados, presentes y futuros, para que podamos cumplir su voluntad, ver santificado su nombre y experimentar el Reino. Que así sea.

Conclusión

Una montaña de Galilea, el monte de las bienaventuranzas, fue el escenario elegido por Jesús para enseñarnos el Padrenuestro, según Mateo (cf Mt 6,9-13). En el evangelio de Lucas, el Padrenuestro brotó de los labios de Jesús, en el huerto de los Olivos, en respuesta a la petición de un discípulo anónimo que expresaba al Maestro nuestra sed de Dios: «Señor, enséñanos a orar...» (Lc 11,1). O en las palabras del apóstol Felipe: «Señor, muéstranos al Padre» (Jn 14,8). En la oración, Jesús nos revela el rostro, la paternidad de Dios y su identidad de Hijo. El Maestro nos invita a dirigirnos al Padre de manera espontánea, natural, sencilla, con plena confianza e intimidad filial. Una forma de orar muy diferente a la de los hipócritas que se desplegaban en las plazas y en las esquinas de Jerusalén (cf Mt 6,5). Solo él, el Hijo primogénito que santificó el santo nombre de Dios, cumplió fielmente su voluntad y se entregó a la causa del Reino, podía rezar y enseñarnos el Padrenuestro. Jesús vivió en la intensidad de la fe cada una de las siete peticiones de esta oración. Multiplicó los panes, perdonó a los enemigos, venció las tentaciones y el mal. La oración del Padrenuestro nunca será comprendida en toda su profundidad si no es en el horizonte de la vida, de la vocación y de la misión del Hijo. Su contenido, espiritualidad y mensaje no pueden desligarse de la persona de Jesús ni del entorno e historia del pueblo de Dios.

Memorizado y repetido a lo largo del camino, el Padrenuestro resume el mensaje de Jesús, el Dios hombre que nos ayuda a repensar nuestra visión de Dios, el Padre. Aunque se trata de una oración prepascual, ya sea desde un punto de vista histórico o teológico, en la que no tenemos ni una sola palabra sobre el Hijo, su ministerio, su muerte, resurrección y ascensión, ni se hace mención alguna del camino de su pueblo, el Padrenuestro es esencial en la espiritualidad cristiana y nos ayuda a sintonizar nuestro corazón con el corazón de Dios. Es una oración donde nada es casual y cada palabra tiene su peso y significado para el corazón orante; donde todo resuena en el horizonte de la Sagrada Escritura que registra la fe y la experiencia del Dios de Israel, los descendientes de Abrahán.

Cada vez que rezamos el Padrenuestro encontramos algo nuevo y sorprendente. En el Padrenuestro, ya sea en la versión solemne de Mateo que la Iglesia reza en la liturgia, o en la versión más breve y antigua de Lucas, percibimos un movimiento que comienza arriba, cuando invocamos al Padre que está en el cielo, y termina a continuación, señalando el drama de la aventura humana en la tierra. En la invocación inicial, tan profunda y original, nos dirigimos al Padre que no está en una galaxia lejana, sino presente en nuestro camino de fe. En las últimas peticiones de la oración tenemos la expresión humilde de un corazón que se esfuerza por vencer las tentaciones y luchar contra el mal. Podemos imaginar la oración del Padrenuestro en los labios de María al pie de la cruz, en los labios del pescador Simón Pedro, en los de la anónima samaritana o en los del buen samaritano, en los del incrédulo Tomás, en los de las hermanas Marta y María, en los del hijo pródigo, en los del bajito Zaqueo, en los del misionero Pablo o en los de algún otro discípulo del Señor. En cada persona resuena el Padrenuestro con la fuerza de la fe y según la sensibilidad del corazón orante.

Jesús es el Maestro orante, el Reino, el pan y el perdón de Dios. Nos llama a acercarnos a Dios de manera familiar y profunda. Es la inmersión de los hijos en el Hijo, que nos invita a incrementar nuestro proceso de conversión individual y comunitaria y a volver al Padre. Ningún Salmo comienza con una invocación tan filial y con tanta intimidad con Dios. El Padre de Jesús es nuestro Padre y, en el Hijo, todos somos hijos. Hermanos.

Jesús no se reza a sí mismo, sino que nos revela y nos enseña a rezar a su Padre, nuestro Padre que está en el cielo, tan cerca, tan presente. En este diálogo filial y amoroso nos encontramos hijos de Dios, miembros de su gran familia. Incluso cuando rezamos a solas, siempre hay un acentuado alcance comunitario, eclesial y misionero en el uso del «plural», cuando pedimos pan para todos, perdón y ayuda en las tentaciones y en la lucha contra el maligno. El Espíritu Santo enciende en nosotros el deseo de amar a Dios y santificar su santo nombre en nuestra vida, de acoger el don del Reino, de hacer su voluntad, de pedir y compartir nuestro pan de cada día, de experimentar el perdón y la misericordia divina que nos abraza y nos perdona, de vencer las tentaciones, de combatir el mal y de rechazar la lógica del reino del «príncipe de este mundo». Siempre.

La oración del Padrenuestro nos pone en el regazo de Dios y nos empuja al encuentro con nuestros hermanos, especialmente con los más necesitados. Esta oración nos invita a superar la cerrazón del yo y nos compromete con la comunidad de los hijos de Dios. Él es el Padre presente, atento, amoroso, que revela su nombre y establece una relación amorosa con nosotros. Nuestra misión es dar testimonio de su amor, ser signo de su santidad en medio del mundo, a la luz del Espíritu Santo que recibimos en el bautismo. Nuestro destino es el corazón del Padre, que nos llama a seguir al Hijo, convertirnos y continuar su obra. En el camino necesitamos muchos «panes», además del pan de la Palabra y de la eucaristía.

El Padrenuestro es la oración modelo que deja el Maestro a cada uno de sus seguidores, los bienaventurados del Reino (Mt 5,3). Es una oración ecuménica, abierta y universal. Es catequesis evangelizadora y vocacional, oración con las «palabras divinas» pronunciadas por el Hijo unigénito. Es la Oración del Señor, repetida en la mente y en el corazón, que acuna y sostiene a los seguidores de Jesús y a la comunidad orante, la Iglesia, en su misión de testimoniar y anunciar el evangelio. Es la oración de quien sigue las huellas del Hijo y suspira por el fin de los tiempos (cf Jn 19,30). Jesús, más que una oración, nos enseñó una nueva forma de acercarnos a Dios. No nos preocupemos tanto por las palabras... Porque lo importante es rezar el Padrenuestro, dirigirse al Padre y pronunciar cada una de las siete peticiones con el mismo espíritu de Jesús. Amén.

Bibliografía

Alves R., *El Padrenuestro. Meditaciones,* San Pablo, Madrid 1987.

Asociación de Editores del Catecismo, *Catecismo de la Iglesia católica,* Madrid 1999.

Benedicto XVI, *Jesús de Nazaret I, Desde el Bautismo a la Transfiguración,* La esfera de los libros, Madrid 2007.

Boff L., *El Padrenuestro. La oración de la liberación integral,* San Pablo, Madrid 2023.

Bullón Hernández J., *Orar y meditar con el Padrenuestro,* Verbo Divino, Estella 2020.

Cabodevilla J. Mª., *Discurso del Padrenuestro. Ruegos y preguntas,* BAC, Madrid 1986.

Conferencia Episcopal Española, *Biblia Didajé. Con comentarios del Catecismo de la Iglesia católica,* BAC, Madrid 2016.

Crimella M., *Padre nuestro. La oración de Jesús en los evangelios,* Sígueme, Salamanca 2022.

DABIDE FR. M., *Encontrar al Padre. El Padrenuestro entre el cielo y la tierra*, PPC, Madrid 2021.

DEHO´ A., *Padre nuestro*, Paulinas, Madrid 2023.

DOMÍNGUEZ PRIETO P., *Ejercicios Espirituales con el Padrenuestro. La oración de Jesús*, San Pablo, Madrid 2011.

FAUSTI S., *Una comunidad lee el evangelio de Mateo*, San Pablo, Bogotá 2009; ID, *Una comunidad lee el evangelio de Lucas*, San Pablo, Bogotá 2009.

FLECHA ANDRÉS J. R., *Comentario al Padrenuestro. Para orar mejor*, CCS, Madrid 2021.

GONZÁLEZ-CARVAJAL SANTABÁRBARA L., *El Padrenuestro. Explicado con sencillez*, Sal Terrae, Santander 2009.

GRÜN A., *El Padrenuestro. Una ayuda para vivir de verdad*, Sal Terrae, Santander 2010.

GUGLIELMONI L., *El Padrenuestro para la familia*, Paulinas, Madrid 2017.

HAMMAN A., *Il Padre nostro letto dai Padri della Chiesa*, Castelvecchi, Roma 2017.

JEREMIAS J., *El sermón de la montaña. El Padrenuestro*, Fax, Madrid 1970; ID, *Jerusalén en tiempos de Jesús*, Cristiandad, Madrid 2000.

KASPER W., *Padre nuestro. La revolución de Jesús*, Sal Terrae, Santander 2019.

LEDRUS M., *El Padrenuestro: oración evangélica,* San Pablo, Madrid 2004.

LEÒN-DUFOUR X., *Vocabulario de teología bíblica,* Herder, Barcelona 2001.

MAGGIONI B., *Padre nostro,* Vita e Pensiero, Milán 2019.

MARTINI C. M., *Padre nuestro,* Edicep, Valencia 2001.

MARTÍN-MORENO J. M., *Así como nosotros perdonamos,* San Pablo, Madrid 1989.

MATOS H., *O Pai-Nosso, oração do novo milênio,* O Lutador, Belo Horizonte 1999.

MENDONÇA J. T., *Padrenuestro que estás en la tierra,* Paulinas, Madrid 2012.

MESTERS C., *Dios, ¿dónde estás?,* Verbo Divino, Estella 1996.

MONLOUBOU L., *Leer y predicar el evangelio de Lucas,* Sal Terrae, Santander 1982.

MOPSUESTIA T. de, *El Padrenuestro, el bautismo y la eucaristía. Catequesis mistagógicas XI-XVI,* Sígueme, Salamanca 2021.

PAGOLA J. A., *Padre nuestro. Orar con el espíritu de Jesús,* PPC, Madrid 2012.

PAPA FRANCISCO, *Catequesis sobre el Padrenuestro 1-16,* Audiencias generales, Ciudad del Vaticano 2018-2019.

Ronchi H., *El canto del pan. Orar con el Padre Nuestro,* San Pablo, Madrid 2021.

Santa Teresa de Jesús, *Camino de perfección,* San Pablo, Madrid 2008.

Schurmann H., *Padre Nuestro,* Secretariado Trinitario, Salamanca 1982.

Sebugal S., *El Padrenuestro. En la interpretación catequética antigua y moderna,* Sígueme, Salamanca 2023.

Segalla G., *Panoramas del Nuevo Testamento,* Verbo Divino, Estella 1989.

Storniolo I., *O Evangelho de Mateus: o caminho da justiça,* Paulinas, São Paulo (Brasil) 1990.

Vanier J., *La comunidad, lugar del perdón y de las fiesta,* PPC, Madrid 1995.

Índice

Prólogo 9

Introducción 13

1. La oración de Jesús 23

El Padrenuestro: una oración en dos
versiones...................................... 26

El Padrenuestro en los evangelios de Mateo
y Lucas 34

La estructura del Padrenuestro.................. 41

2. Una nueva forma de orar 45

El Padre de Jesús y de cada uno de
nosotros....................................... 47

La cercanía del Padre...................... 52

Mirar al cielo y ver la tierra............. 56

3. El nombre de Dios 59

Dios no cabe en las palabras........... 62

El Santo por excelencia 64

4. **El Reino del Padre** 71

   El Mesías, esperanza del pueblo de Israel.. 74

   Acoger, sembrar y esperar el Reino 77

5. **La voluntad del Padre** 83

   Hasta las últimas consecuencias................. 86

   Llamados a hacer la voluntad de Dios....... 90

6. **El pan del Reino** 97

   El don de cada día 102

   El pan de vida................................. 106

7. **Perdón y gratitud** 111

   Ofensas y pecados............................ 114

   El Padre siempre perdona................... 117

   Comenzar con el perdón 120

8. **Pruebas y tentaciones** 125

   En las tentaciones de Jesús, nuestras

      tentaciones................................. 128

   Velad y orad 132

9. **Padre, líbranos del mal**..................... 137

   La victoria contra el maligno 139

   El misterio del mal 143

Conclusión 149

Bibliografía 155